Susi Reichle-Ernst
Ulrike Meyerholz

Tanz im Glück

Märchen bewegen Kinder

Zytglogge Werkbuch mit Begleit-CD

Herzlichen Dank an alle Kinder, die beim Ausprobieren mitgemacht haben und sich gerne für die Fotos zur Verfügung gestellt haben: die Kasseler Kinder Basilius Baran, Benedikt Baran, Hanna Dietzel, Stefan Emde, Ella Eckard, Emmy Eckard, Constantin Ehret, Niklas Ehret, Jan-Niklas Fubel, Jara Fubel, Lisa Fubel, Indica Förster, Philipp Förster, Nico Gries-Kempe, Adina Heinemann, Lena Krause, Ileida Kurt, Levent Kurt, Jannik Lörke, Jannes Paul, Lea Pfannkuche, Niko Portmann, Till Reddemann, Jonas Reuter, Laurina Röth, Jannik Schneider, Niko Siegmann, Darlene von Stosch, Elisabeth Suske, Amelie Trolldenier, Belen Virtue, Tom Levin Vollmer, Laetitia Vukcevic, Aliyah Wambach, Yamira Weber, Leon Westhof, Constantin Willich, Nils Winterstein, Sarah Winterstein, Laura Zekiroska, Fabienne Zutz, Phillipp Zwecker, die Schweizer Kinder der Bilingual Day School FitzGerald, Schönenwerd und die Münchener Kinder Stefanie Dudek, Helena Hauf, Marlene Lödermann, Nina Rein, Laura Tertel.

Herzlichen Dank an Ilse Kaminski, die uns in allen Fragen zu Märchen und Mythen eine unerschöpfliche Quelle der Inspiration und Information war und immer wieder ermutigte, die eingeschlagenen Wege weiterzugehen.

Impressum

Copyright	Zytglogge Verlag Oberhofen, 2007
Lektorat	Brigitte Feuz, Zytglogge Verlag
Gestaltung, Layout	Evelin Ostermann, Dresden
Zeichnungen	Elvira Ortiz, New Jersey
Notengrafik	Susi Reichle, Neuendorf Bernd Sippel, Kassel
Umschlaggestaltung	Brigitte Feuz, Zytglogge Verlag
Fotos	Anne Frey-Gaska, München Ulrike Meyerholz, Kassel Susi Reichle, Neuendorf
Druck	AZ Druck und Datentechnik GmbH Kempten

ISBN 978-3-7296-0746-0
Zytglogge Verlag, Schoren 7, CH-3653 Oberhofen am Thunersee
info@zytglogge.ch • www.zytglogge.ch

Inhalt

Zur Psychologie von getanzten Kindermärchen

Ein Vorwort von Anne Frey-Gaska

Märchen überzeugen vor allem durch ihre Schlichtheit und ihre Klarheit. Sie leben von eindeutigen Gegensätzen wie gut und böse, gross und klein, schön und hässlich, arm und reich. Die Sympathie des Märchens gilt dabei dem Unschuldigen und Reinen, dem Gutmütigen und Grossherzigen, der sich in einer Welt voller Neid, Missgunst, Eifersucht und Hass bewähren muss. Etwas dazwischen gibt es nicht. Der ‹Held› oder die ‹Heldin› muss den (Lebens-)Weg selbstständig durch alle Widrigkeiten gehen, muss harte Strafen ertragen, schwere Prüfungen bestehen und entgeht oft nur knapp dem Tode.

Längst sind die Märchen ausführlich gedeutet worden (siehe die Literaturhinweise im Anhang), so dass wir wissen, welche elementaren menschlichen Vorgänge behandelt werden. Dazu einige Beispiele: Mütter können es nur schwer ertragen, wenn sie selber immer älter werden, während ihre Töchter heranwachsen und letztlich gar schöner werden als sie selbst – wie im ‹Schneewittchen›. Die Mütter werden neidisch, eifersüchtig und böse – und damit auch zur ‹Stiefmutter›, was eher symbolisch als real zu verstehen ist. Auch Väter fürchten sich mitunter davor, wenn ihre Töchter erwachsen werden, und wollen sie auf ewig beschützen und für sich behalten. So muss Dornröschen eben, bevor sie zur Frau werden kann, in einen langen Schlaf fallen. Doch wie so oft lässt sich das Schicksal nicht aufhalten. Auch Dornröschen erwacht schliesslich und wird von einem Prinzen gefunden und geheiratet, als ihre Zeit gekommen ist.

Hänsel und Gretel führen uns den Konflikt der Loslösung von Kindern und Eltern vor Augen: Einerseits müssen die Eltern ihre Kinder irgendwann hinaus in die Welt schicken, können sie aber andererseits oft nur schwer gehen lassen – insbesondere Mütter ihre Söhne (symbolisiert durch die Mutter als Hexe, die ‹ihren› Sohn Hänsel gar einsperrt). Und was können wir von Hans im Glück lernen – gerade in einer Zeit von überquellenden Kinderzimmern auf der einen und (Kinder-)Armut auf der anderen Seite? Glück und Zufriedenheit finden wir nur in uns selbst – unabhängig davon, wie viel und was wir besitzen. Es ist unwahrscheinlich schön, mit den Kindern gerade dieses Märchen zu spielen und den ‹Aha›-Moment zu sehen, wenn sie die Botschaft verstehen.

Das Böse im Märchen zahlt sich nicht aus und wird – zumindest im deutschen Volksmärchen – immer besiegt. Dies birgt wohl das grösste Diskussionspotenzial über den Einsatz und den Sinn von Märchen. Bei jedem Elternabend wird man gefragt: Was ist mit dem Bösen und der Gewalt im Märchen? Können unsere Kinder das ertragen? Sicher – die Prüfungen für die Helden einerseits und die Strafen für die Bösen andererseits sind in den Märchen oft hart und grausam. Das Märchen aber bezieht eindeutig Stellung: Je härter der Weg des Helden, umso schöner und glanzvoller kann sein Sieg belohnt werden – in der Regel durch Reichtum und Wohlstand; und im Gegenzug dazu muss das Böse wirklich und endgültig vernichtet werden.

Im Übrigen würde ich mir sehr wünschen, dass dieselben Eltern sich die Frage nach der Zumutbarkeit für ihre Kinder auch in anderen Fällen so kritisch stellen: Die Helden unserer Zeit von ‹Nemo› bis ‹Harry Potter› erleben und erleiden wohl kaum weniger furchtbare Abenteuer – und das in einem zum Teil atemberaubenden Erzähltempo. Der grosse Vorteil des Märchens liegt darin, dass es auf seine Weise undramatisch erzählt. Die Märchensprache geht sparsam mit Adjektiven um und lässt der Leserschaft bzw. Zuhörerschaft genügend Raum und Zeit, sich vorzustellen, wie die Figuren in der Geschichte aussehen, wie sie leben, wie sie sich fühlen.

Und hier kann ich den Bogen zum vorliegenden Buch schlagen: Durch ihre ganz eigene Art, sich den Märchen auf musikalisch bewegte Art zu nähern, ermöglichen die Autorinnen den Kindern, einen neuen Weg zum Märchen zu gehen. Dabei hilft der ausführliche erste Teil, in dem die Kinder sich intensiv mit den unterschiedlichen (Märchen-)Charakteren auseinander setzen können. Sie bekommen die Möglichkeit, sich in die Märchenfiguren hineinzuversetzen und einen Bezug zu ihrer eigenen Erlebniswelt herzustellen. Märchen liefern den Kindern Identifikationsfiguren mit wahrhaft magischer Anziehungskraft, und mit den Anregungen im Buch können die Figuren im wahrsten Sinne des Wortes lebendig werden. Man mag sich vielleicht fragen, ob Kinder ‹gut› und ‹böse› in Musik und Bewegung umsetzen können. Auf jeden Fall können sie das, denn sie kennen all diese Gefühle, die in den Märchen vorkommen, aus eigenem Erleben. Eingebettet in eine Märchenfigur geht es noch leichter: Stolz zeigt sich in der Haltung eines Prinzen; Eifersucht und Hochnäsigkeit (da steckt der Bewegungsimpuls schon im Wort!) in einer eitlen Königin oder in einer (zu Recht?!) beleidigten 13. Fee; Wildheit und Kühnheit bei den Räubern oder wiederum Zartheit und Zauberhaftigkeit bei Feen und Elfen.

Bleibt noch die Frage, wie wir die schon erwähnte Grausamkeit bei einer Aufführung darstellen können. Kinder, die sich so intensiv mit ‹ihrem› Märchen beschäftigt haben und so behutsam an die Figuren und ihre Charaktere herangeführt wurden, werden ganz sicher eigene Ideen entwickeln, was sie wie darstellen wollen. Diesem kann man gerne Raum geben und die Gestaltungsvorschläge der Kinder aufgreifen. Dabei gehen Kinder – auch in Abhängigkeit ihres Alters – durchaus unterschiedlich damit um: Ältere Kinder (Grundschule) haben hier schon mehr Mut und sterben gerne theatralisch auf der Bühne. Dagegen wünschen sich jüngere Kinder oft dezentere Abgänge von der Bühne und bestehen nicht selten darauf, dass die ‹böse Figur› beim Schlusstanz wieder ganz lebendig mit dabei sein darf.

Noch einmal leichter wird dieser neue Weg zum Märchen durch die wunderbare CD zum Buch. Bernd Sippel hat wieder so hervorragende Musik komponiert und arrangiert, dass keiner sich der ‹Aufforderung zum Tanz› entziehen kann – und das hoffentlich noch mehr als hundert Jahre lang.

Anne Frey-Gaska, Diplompsychologin und Kindertanzpädagogin, promoviert derzeit an der Universität München über das Thema ‹Gewaltprävention in der Grundschule› und hat dort einen Lehrauftrag. Sie arbeitet ausserdem als Erziehungsberaterin und Kindertanzpädagogin in einer Familienbildungsstätte und ist Autorin zahlreicher wissenschaftlicher Artikel.

Zum Umgang mit dem Buch

Im **ersten Teil** werden unterschiedlichste **Märchenfiguren** wie Hexen, Zauberer, Prinzen und Prinzessinnen über Bewegungsspiele, Reime, Lieder und einfache Tänze ‹erlebt› und in ihrer Bandbreite an Darstellungsmöglichkeiten ‹erspielt›. Durch ihre unbändige Fantasie und Bewegungsfreude **sind** die Kinder Räuber, Zwerge und Riesen, wenn man ihnen einen märchenhaften Spielraum eröffnet. **Märchenhafte Wunderdinge** wie z.B. der ‹Fliegende Teppich› und ‹Im Schloss› ergänzen die Märchenfiguren mit weiteren Spielideen und eröffnen der Fantasie weitere Pforten.

Im **zweiten Teil** werden sechs bekannte Märchen der Gebrüder Grimm jeweils in einer für eine Aufführung geeigneten Version vorgestellt. Elemente aus dem ersten Teil des Buches werden behutsam eingefügt, z.B. die Gestaltungsaufgabe ‹Dornenhecke-Rosenpracht› im Märchen ‹Dornröschen›. Es geht um musikalische und tänzerische Ideen, die alle Kinder zusammen spielerisch umsetzen können, und nicht um Theaterrollen für ein Märchenspiel. Da die originalen Märchentexte für eine Aufführung oft zu lang sind, schlagen wir stattdessen als roten Faden Geschichtenlieder vor, wie z.B. das bekannte Lied ‹Dornröschen war ein schönes Kind›. Die gesungene Handlung wird mit den Gestaltungsideen aus dem ersten Teil umrankt. Zu jeder Märchenfigur und auch zu jedem märchenhaften Wunderding gehört ein Musikstück auf der Begleit-CD, die sich hinten auf der letzten Buchseite befindet.

Die Spielideen um die Märchenfigur werden in einem **Ideenpaket** übersichtlich dargestellt, gegliedert in **4 Ideenpäckchen:**

Der Einstieg in das Thema erschliesst sich über die Aufgaben, die im Ideenpäckchen **Einstimmung** aufgefächert sind, wie z.B. Reaktions- und Fangenspiele.

Die Anregungen in **Bewegungsspiele mit Musik** setzen sich mit der Struktur der zur Märchenfigur gehörenden Musik auf der Begleit-CD auseinander. Durch ihre meist kontrastierenden A- und B-Teile ermöglichen sie den Kindern durch ihren offenen Charakter selbst entdeckte, neue Bewegungserfahrungen und motivieren zum spielerischen Bewegen und Tanzen. Viele Anregungen ohne aufwändige Materialien erschliessen die Kraft der Fantasie und die Ausdrucksfähigkeit der Kinder.

In **... mit ein bisschen Üben** sind die Bewegungsabläufe genauer festgelegt und erfordern eine differenziertere Bewegungsgeschicklichkeit, die sich durch lustvolles Wiederholen zu einem aufführungsreifen Tanz entwickeln kann.

Weiterführende Ideen geben nicht nur Querverweise zu den Märchen-Kapiteln im zweiten Teil, sondern zeigen auch Möglichkeiten auf, wie das Erarbeitete in ein Märchenspiel integriert werden kann.

Die komprimierten **Ideenpäckchen** geben einen Überblick über das Kapitel und sollen neugierig machen. In den **Erläuterungen zu den Ideenpaketen** werden Spielideen und methodische Tipps ausführlich beschrieben.

Ob sie über einen längeren Zeitraum an einem Märchen im Hinblick auf eine Aufführung arbeitet oder sich im Unterrichtsalltag nur ein paar Stunden mit dem Thema Märchen beschäftigt und dabei musikalische und tänzerische Aspekte mit einfliessen lassen möchte, bleibt jeder Pädagogin selbst überlassen. Die fächerverbindenden Aspekte des Themas ‹Märchen› zu den Fächern Deutsch, Musik, Kunst, Sport und Darstellendes Spiel liegen auf der Hand.

Aus dem Bewusstsein heraus, dass es ungünstig ist, Märchen zu verändern oder zu kürzen, soll, schon lange bevor an eine Aufführung gedacht wird, immer die vollständige Version des Märchens vorgelesen oder gemeinsam nacherzählt werden. Deshalb sind alle Märchen hier im Buch vollständig abgedruckt. Wenn man die Kinder nur einmal in der Woche, z.B. in der musikalischen Früherziehung, unterrichtet, ist eine Zusammenarbeit mit dem Kindergarten oder der Grundschule sehr fruchtbar. Gemeinsam mit den Erzieherinnen oder Lehrerinnen ist ein umfangreiches Märchenprojekt erst realisierbar. Sie können weitere künstlerisch umsetzbare Aspekte des Märchens mit Malen, Basteln, Werken, Bühnenbild Erstellen usw. erarbeiten und – was am allerwichtigsten ist – immer wieder das Märchen in einem geeigneten Moment erzählen oder vorlesen, wenn die Kinder tatsächlich in der Lage sind zuzuhören.

Die Vorschläge in den Ideenpäckchen bauen nicht aufeinander auf. Jede Pädagogin stellt individuell nach ihren Vorlieben und nach ihrer Einschätzung der Gruppe ihre Favoriten aus den vier Bereichen ‹Einstimmung›, ‹Bewegungsspiele mit Musik›, ‹... mit ein bisschen Üben› und ‹Weiterführende Ideen› zusammen. Haben die Kinder Freude an einer Spielidee gefunden, ist es nicht empfehlenswert, ihnen weitere Ideen zu dieser Musik anzubieten. Sie neigen dazu, ihre Lieblingsspiele zu ritualisieren, sie noch einmal und noch einmal einzufordern und immer genau gleich erleben zu wollen. In solchen Situationen muss der kreative Aspekt unserer Arbeit zurücktreten, es wird dafür an anderer Stelle der richtige Zeitpunkt kommen.

Und noch eine kleine ‹handwerkliche› Bemerkung: Alle Lieder und Gedichte sollten vor den Kindern unbedingt auswendig vorgetragen werden. Man ist im Ausdruck authentischer, bekommt eine intensivere Beziehung zu den Kindern und ist in der Wahrnehmung der Kinderreaktionen wacher, als wenn man verstohlen auf einen Zettel mit dem Text schielt. Ein Hosentaschenzettel mit Liedtexten versüsst jedes Warten an der Supermarktkasse oder im lästigen Stau.

Die Bewegungsideen zur Musik auf der Begleit-CD sind alle mit Kindern ausprobiert worden. Trotzdem sind es keine festgelegten Schritte, die nur so auf die Musik getanzt werden können. Jedes Kind, jeder Erwachsene empfindet eine bestimmte Musik etwas anders und entwickelt eigene Vorstellungen. Alle sind richtig! Wer auf die Musik ‹Riesen und Zwerge› in seiner Fantasie ‹12 gute Feen und eine böse Fee› agieren sieht, kann sehr gerne ein Bewegungsspiel mit diesen Inhalten entwickeln. Jeder ist aufgefordert, seine kreativen Kräfte zu entwickeln.

Da überwiegend weibliche Lehrkräfte mit Kindern unserer Zielgruppe arbeiten, haben wir uns – der Einfachheit halber – entschlossen, von der Lehrperson durchgängig in der weiblichen Form zu schreiben.

Nun wünschen wir märchenhafte Unterrichtsstunden und viel Freude beim gemeinsamen Entdecken des Lieblingsmärchens.

Susi Reichle und Ulrike Meyerholz

RÄUBER

Ideenpaket ‹Räuber› (CD, Track 1)

Einstimmung

1.	Ratespiel: Die Gruppenleiterin zeigt den Kindern Abbildungen von Räubern. Die Kinder sollen raten, um wen es sich handelt.
2.	Reaktionsspiel: Alle Kinder sind Räuber und reagieren auf Reizwörter der Gruppenleiterin.
3.	Fangenspiel: Räuber und Polizist
4.	Der Bewegungsraum wird mit Objekten wie Matten und Langbänken in einen Räuberwald verwandelt.
5.	Geheime Wege durch den Räuberwald finden

Bewegungsspiele mit Musik

	AA-Teile	BB-Teile
1.	Räuberleben	
	Die Kinder schleichen als Räuber durch den Wald.	Alle Räuber hüpfen ins Räuberhaus und klatschen und patschen einen Rhythmus.
2.	Geschicklichkeitsspiel mit Hindernissen	
	Im Raum sind Stühle, Langbänke usw. aufgebaut. Die Kinder bewegen sich **unter** den Hindernissen durch.	Alle bewegen sich **über** die Hindernisse.
3.	Geschicklichkeitsspiel mit Isofanten	
	Im Raum sind Isofanten (s. S. 15) als Hindernisse verteilt. Die Räuber bewegen sich **um** die Isofanten herum.	Alle springen **über** die Isofanten.

... mit ein bisschen Üben

1.	Räuberwettkampf mit Stäben und Schlägeln

Weiterführende Ideen

1.	Ideen aus diesem Räuberkapitel werden in die Erarbeitung und Aufführung des Märchens ‹Die Bremer Stadtmusikanten› s. S. 156 integriert.

Erläuterungen zum Ideenpaket ‹Räuber› (CD, Track 1)

Charakter der Märchenfigur ‹Räuber›

Ein Räuber kommt nicht als Räuber auf die Welt, er wird von der Gesellschaft durch Missstände dazu gemacht. Innerhalb einer Räuberbande herrscht Solidarität. Der Räuber ist gegenüber seinen Leidensgenossen hilfsbereit und versucht auf seine Art, Gerechtigkeit herzustellen. Die Räuber benehmen sich ungeniert daneben und lümmeln herum. Sie vertreiben sich die Zeit mit Armdrücken und Raufereien. Auf Beutezügen halten sie zusammen wie Pech und Schwefel und stehlen alles, was nicht niet- und nagelfest ist. Sie sind stark und geschickt, manche haben wilde Bärte. Schnelles Reaktionsvermögen, Sprungkraft, spannungsvolles Schleichen und Bewegungsgeschicklichkeit stehen in diesem Kapitel im Vordergrund. Das Paradoxe an der Auseinandersetzung mit dieser Märchenfigur ist, dass die Kinder eher scheu und zurückhaltend sind, wenn sie sich mal ‹wie die Räuber benehmen› dürfen. Ist die ‹gute Erziehung› erst einmal in den Hintergrund getreten, haben sie viel Freude an der überschwänglichen Bewegungslust, die ihnen die Räuberspiele bieten. Unbemerkt wird dabei ihr Raumorientierungssinn gefördert. Die Räuber stellen einen Gegenpol zur feinen Welt der Prinzen und Prinzessinnen dar und sind eine wichtige Identifikationsfigur vor allem für die Jungen.

Einstimmung

1. Ratespiel

Die Gruppenleiterin zeigt den Kindern Abbildungen von Räubern und lässt die Kinder raten, um wen es sich handelt. Im Gespräch wird zusammengetragen, was ein Räuber ist, wie er aussieht und ob es heute noch Räuber gibt.

2. Reaktionsspiel

Alle Kinder sind Räuber und schleichen zur gewischten Handtrommelbegleitung durch den Räuberwald. Ruft die Gruppenleiterin «Polizei!», versteinern alle. Bei «Die Luft ist rein!» schleichen die ‹Räuber› weiter. Ruft sie «Tarnung Wald!», stellen die Kinder wiegende Bäume dar. Weitere Kommandos können «Hände hoch!» und «Versteckt euch!» sein.

3. Fangenspiel

Alle Kinder sind Räuber. Ein ‹Polizist› stellt den Fänger dar. Hat der Polizist einen Räuber gefangen, muss dieser ‹in Handschellen› (= Hände vor oder hinter dem Körper über Kreuz halten) am Platz verharren, bis ihm ein anderer Räuber die Handschellen pantomimisch mit einem Aufschliessgeräusch wieder ‹aufschliesst›. Je nach Gruppengrösse benötigt man auch zwei oder mehrere Polizisten.

4. Der Bewegungsraum wird mit Objekten wie Matten und Langbänken in einen Räuberwald verwandelt

Hindernisse wie Langbänke stellen Brücken über reissende Wildbäche dar, Weichmatten Sümpfe, durch ein ‹Unterholz› von Stühlen muss hindurchgekrochen werden. Von der höchsten Stelle der Sprossenwand wird beobachtet, ob Polizei in der Nähe ist. Der Spielraum ‹Räuberwald› beflügelt die Fantasie der Kinder und lässt ihre Ideen sprudeln. Je nachdem, wie gross die Gruppe ist, empfiehlt es sich, die Objekte in einer bestimmten Reihenfolge zu überwinden; die Hindernisse stellen den Räuberpfad dar. Mit einem Kind zeigt die Gruppenleiterin, wo und wie der Räuberpfad zu gehen ist, die anderen schauen konzentriert zu. Dann werden alle Kinder gleichmässig über den Räuberpfad verteilt und durchlaufen ihn wie bei

HINDERNISSE IM RÄUBERWALD

einem Zirkeltraining. Dadurch werden Komplikationen wie z.B. zusammenstossende Kinder vermieden, die von beiden Seiten in einen Mattentunnel hineingekrochen sind.

5. Geheime Wege durch den Räuberwald finden

Ein Kind ist der Räuberhauptmann und hat einen Räuberhut auf. Zu einer gewischten Handtrommelbegleitung schleicht der Hauptmann vom Räuberhaus aus auf einem bestimmten Raumweg durch den Räuberwald (wie unter 4 beschrieben). Die anderen Kinder schleichen hinter ihm her. Wechselt die Gruppenleiterin ihr Handtrommelspiel zu einem lebhaften Hüpfrhythmus, geht es auf dem gleichen Raumweg ins Räuberhaus zurück. Die Kinder geben dem Räuberhauptmann Rückmeldung, ob der Hin- und Rückweg gleich war. Der Hauptmann bestimmt den nächsten Anführer durch Weitergabe des Räuberhuts.

Im Räuberhaus

Melodie ‹Räuber› (CD, Track 1 und 2) **Musik: Bernd Sippel**

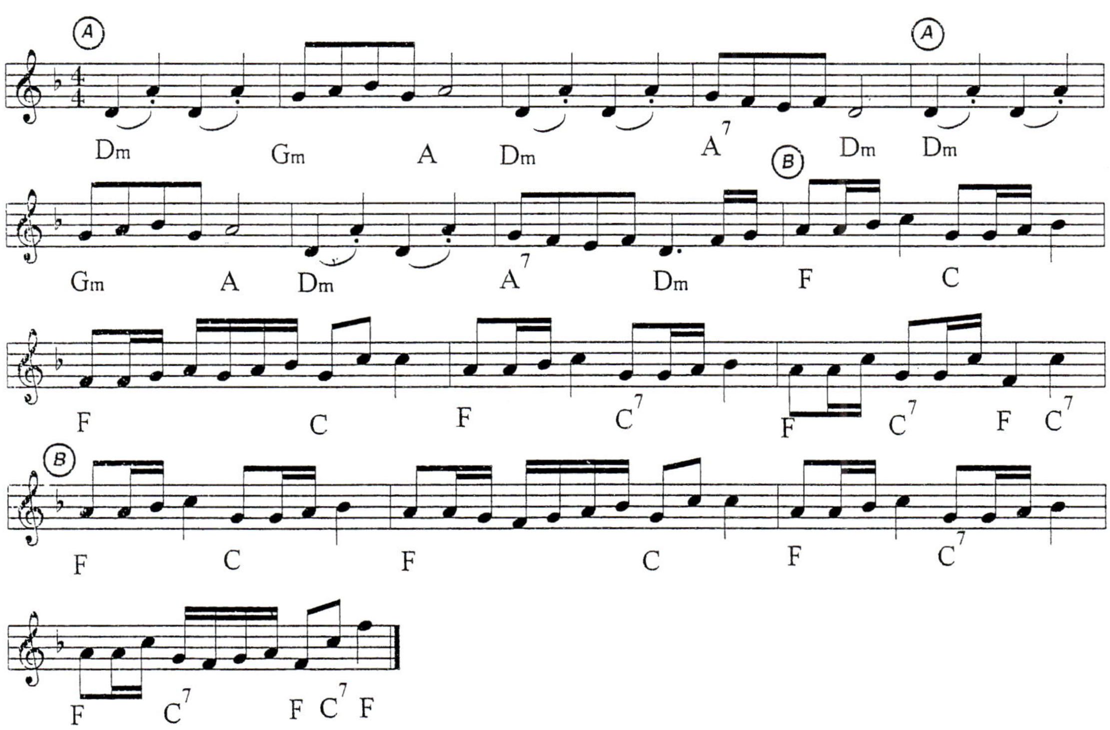

Form
Vorspiel: 3 Schläge

AA	BB	AA	BB	AA	BB	AA	BB
8 Takte	8 Takte	8 Takte	8 Takte	8 Takte	8 Takte	8 Takte	8 Takte

Bewegungsspiele mit Musik

1. Räuberleben

Das Räuberhaus wird in einer Ecke des Raumes mit Tesa-Krepp oder Gegenständen wie Stäben, Stühlen usw. markiert.

AA-Teile	BB-Teile
Vorsichtig nach rechts und links spähend, schleichen die Kinder als Räuber kreuz und quer durch den Raum. Zur Melodie des A-Teils kann folgender Text zweimal gesungen werden: *Wir sind Räuber,* *schleichen durch die Nacht,* *sacht, ganz sacht,* *nur kein Geräusch gemacht.*	Sie haben gute Beute gemacht und hüpfen fröhlich nach Hause. Sind die Räuber im Haus angekommen, klatschen und patschen sie zum Rest des B-Teils. Zur Melodie des B-Teils kann 2 x folgender Text gesungen werden: *Wir hatten Glück, jetzt schnell zurück* *in die Räuberhöhle,* *dort wird geschmaust, dort wird gelacht* *immer mit Gegröle.*

2. Geschicklichkeitsspiel mit Hindernissen

Es ist wichtig, standfeste Hocker und Stühle aufzustellen, damit sie beim Balanceakt der Kinder nicht zu schnell kippen. Eine umgedrehte Langbank ist durch den erhöhten Schwierigkeitsgrad für die Kinder attraktiver als die breite Version. Sie sollte auf jeden Fall mit Matten auf dem Boden gesichert werden, damit die Kinder weich landen, falls sie abrutschen.

AA-Teile	BB-Teile
Die Kinder bewegen sich **unter** den Hindernissen durch, z.B. unter Stühlen, Hockern und Langbänken.	Die Kinder bewegen sich nur **über** die Hindernisse.

Die Differenzierung zwischen ‹drunter› und ‹drüber› kann vorher ohne Musik mit Signalen von Instrumenten geübt werden: Wenn die Gruppenleiterin eine Handtrommel spielt, kriechen die Kinder unter den Hindernissen hindurch, bei einer Begleitung z.B. mit einem Becken gehen die Kinder über die Hindernisse drüber. Auch hier setzen die Kinder die Aufgabe konzentrierter um, wenn nur drei, vier Kinder im Räuberwald unterwegs sind und die anderen zuschauen und sich bemerkbar machen, wenn trotz Trommelbegleitung ein Kind über ein Hindernis gesprungen ist.

SCHNELLER ALS DIE POLIZEI ERLAUBT

3. Geschicklichkeitsspiel mit Isofanten

Isofant ist ein Fantasiename für ein 1 Meter langes Schaumstoffrohr, das bei Heizungsinstallationen über Heizungsrohre gezogen wird, um sie zu isolieren. Weil es wie ein grauer Elefantenrüssel aussieht, haben wir es Isofant genannt. Im Baumarkt bekommt man die dünnste Version für ca. 0,60 Euro. Dieses Material ist im Bewegungsunterricht vielseitig einsetzbar. Entdeckt haben wir die Isofanten, als wir auf der Suche nach einem Elefantenrüssel für ein Zirkusprojekt einen Baumarkt durchgestöbert haben. Im Buch ‹Kleine Clowns und grosse Töne› (Zytglogge Verlag, Bern, 2002) haben wir ausführlich mit den Möglichkeiten dieses Materials experimentiert und sie in einem eigenen Kapitel dokumentiert. Auch im Kapitel ‹Prinz zu Pferd› (s. S. 40) kommen sie als Degen zum Einsatz.

AA-Teile	BB-Teile
Im Raum sind als Hindernisse Isofanten verteilt. Die Kinder bewegen sich **um** die Hindernisse herum.	Die Kinder springen **über** die Isofanten drüber.

… mit ein bisschen Üben

1. Räuberwettkampf mit Stäben und Schlägeln

Jedes Kind hat einen Gymnastikstab und einen Schlägel. Zusätzlich liegen 2 Gymnastikstäbe oder 2 Isofanten parallel im Abstand von ca. 40 cm auf dem Boden.

AA-Teile	BB-Teile
Zwei Räuber stehen sich breitbeinig zwischen den beiden Stockenden gegenüber und schauen sich grimmig an. 4 x schlagen die Räuber ein zweitaktiges rhythmisches Motiv mit dem Schlägel auf den Stab, z.B. 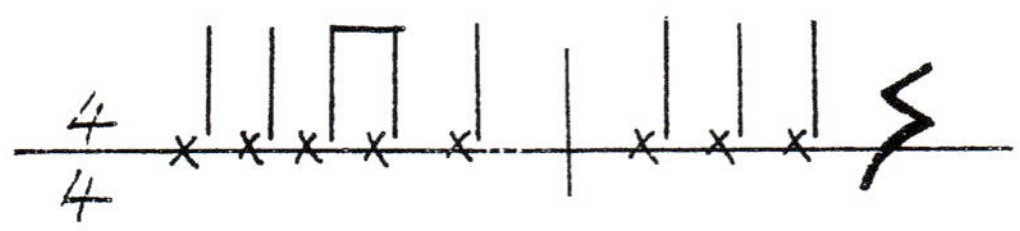 und wiegen sich dabei hin und her. Mit älteren Kindern kann auch das Aufstossen des Stocks auf den Boden mit einbezogen werden.	Einer der Räuber beginnt mit einer zweitaktigen Sprungkombination und bezieht dabei die beiden liegenden Stöcke mit ein: z.B. mit Schlusssprüngen oder auf einem Bein Drüberspringen, Spreizsprüngen usw. Dabei sieht es besonders mutig aus und macht noch mehr Spass, wenn man sich am eigenen Stab oben festhält und sich beim Springen mit der Kraft der Arme hochkatapultiert. Die Sprünge fallen so besonders hoch und luftig aus. Diese Sprungkombination wird vom anderen Räuber wiederholt. Der erste Räuber kommt noch einmal mit Vormachen dran; der zweite Räuber versucht wieder, diese Sprungkombination genau nachzuspringen. Beim nächsten Durchgang wird das Vormachen getauscht.

Statt paarweisen Wettkampfs kann auch ein Räuberhauptmann die Sprungkombination vormachen und alle Räuber imitieren sie gemeinsam.

Variation: Mit Stöcken und Ästen aus dem Wald wirkt der Räubertanz noch authentischer. Haselnussstecken (ca. 2–3 cm Durchmesser) etwa in der Länge der Körpergrösse der Kinder und ein ca. 20 cm langes Stöckchen (ca. 1,5–2 cm Durchmesser) eignen sich durch den geraden Wuchs sehr gut. Es muss darauf geachtet werden, dass der Boden durch die Stöcke nicht beschädigt wird. Mit dem Aufkleben von Teppichresten auf ein Stockende werden Kratzer im Boden vermieden.

Weiterführende Ideen

1. Ideen aus dem Räuberkapitel werden in die Erarbeitung und Aufführung des Märchens ‹Die Bremer Stadtmusikanten› (s. S. 156) integriert.

Im Märchen ‹Die Bremer Stadtmusikanten› spielen die Räuber eine wichtige Rolle. Neben ‹Ali Baba und die vierzig Räuber› aus den ‹Märchen aus 1001 Nacht› gehören ‹Die Bremer Stadtmusikanten› zu den wenigen bekannteren Märchen, in denen Räuber vorkommen.

GUTE FEE

Ideenpaket ‹Gute Fee› (CD, Track 3)

Einstimmung

1.	Die Kinder betreten durch einen besonderen Vorhang das Reich der Feen.
2.	Darstellung einer Glockenblumenwiese
3.	Mit lang klingenden Instrumenten wird eine Feenwiese in der Nacht gespielt.
4.	Fühl-Ratespiel mit einem ‹Feenzauberstab› (= Palmwedel-Dekopicker für Eisbecher oder Trinkhalme ‹Feuerwerk›)

Bewegungsspiele mit Musik

	A-Teil	B-Teil	Feenstaub
1.	Auf der Feenwiese		
	Die Blumenfeen tanzen aus ihren Blumenhäusern.	Drehungen und feine Armbewegungen	Schnell zurück ins Blumenhaus
2.	Alle Kinder sind versteinerte Prinzessinnen und Prinzen		
	Um versteinerte Prinzessinnen und Prinzen tanzt eine Fee mit Zauberstab.	Die Fee tanzt weiter.	Die Fee erlöst die versteinerten Prinzessinnen und Prinzen.
3.	Alle Kinder sind Feen mit Zauberstäben (Palmwedel-Dekopicker für Eisbecher oder Trinkhalme ‹Feuerwerk›).		
	Eine Fee macht Bewegungen mit Zauberstab vor.	Alle imitieren die Bewegungen mit dem Zauberstab.	Mit dem Zauberstab wird eine neue ‹Vormachfee› bestimmt.
4.	Im Wunschgarten		
	Die Feen schreiten mit dem Zauberstab kreuz und quer durch den Raum.	Sie drehen sich langsam und überlegen sich dabei einen Wunsch.	Sie schicken ihren Wunsch los.

… mit ein bisschen Üben

1.	Tanz mit Feenzauberstäben für Kindergartenkinder zur kurzen Version (CD, Track 4)
2.	Tanz mit Feenzauberstäben für Grundschulkinder zur langen Version (CD, Track 3)

Weiterführende Ideen

1.	Feentanz im Märchenspiel ‹Dornröschen› (s. S. 121)
2.	Jedes Kind malt seine eigene Fee.

Erläuterungen zum Ideenpaket ‹Gute Fee› (CD, Track 3)

Charakter der Märchenfigur ‹Gute Fee›

Feen haben magische Kräfte. Es gibt gute und böse Feen, sie können Wünsche erfüllen oder furchtbare Verwünschungen wahr werden lassen. Die guten Feen aus dem Märchen ‹Dornröschen› sind weise Frauen, die bei allen Fragen des Lebens Rat wissen und über heilende Kräfte verfügen. So kann die zwölfte Fee den Fluch der bösen Fee nicht aufheben, aber Leben rettend mildern. Sensibilisierung durch sanfte Berührungen und leise, feine Töne, behutsamer Umgang mit Material und zarte Bewegungen stehen in diesem Kapitel im Vordergrund.

Einstimmung

1. Die Kinder betreten durch einen besonderen Vorhang das Reich der Feen

Ein Vorhang aus bunten Bändern und Tüllstreifen, verziert mit Blättern und Blüten, wird im Türrahmen des Gruppenraums angebracht. Er stimmt die Kinder in eine ganz besondere feinfühlige Welt ein, die Welt der Feen. Die Gruppenleiterin begrüsst die Kinder schon vor der Tür betont leise und lässt sie einzeln durch den Vorhang gehen. Die Bänder berühren die Kinder sanft, und diese Zartheit überträgt sich auf ihre Stimmung. Erwartungsvoll und gespannt richtet sich ihre ganze Aufmerksamkeit auf das, was gleich auf sie zukommen wird.

2. Darstellung einer Glockenblumenwiese

Jedes Kind bekommt ein lang klingendes Instrument, z.B. einen Triangel, ein Paar Fingerzimbeln oder einen Klangbaustein mit Metallplatte. Die Kinder verteilen sich gleichmässig im Raum und ‹verwurzeln› an ihrem Platz wie eine Glockenblume. Ein Kind ist die Fee, spaziert zwischen den ‹Glockenblumen› hindurch und bestimmt durch eine Handgeste, welche ‹Glockenblume› läuten darf. Es reicht, wenn die Kinder ihr Instrument einmal anschlagen und den Ton lange ausklingen lassen.

3. Mit lang klingenden Instrumenten wird eine Feenwiese in der Nacht gespielt

Wie in Aufgabe ‹Einstimmung 2› verteilen sich die Kinder gleichmässig im Raum. Jedes hat ein lang klingendes Instrument spielbereit in der Hand. Ein Kind ist die Fee, die ‹nachts›, d.h. mit geschlossenen Augen, versucht, die Feenwiese zu durchqueren. Die Fee geht vorsichtig zwischen den Kindern durch. Kommt sie näher an ein Kind heran, lässt dieses sein Instrument erklingen und die Fee korrigiert ihren Weg. Hat sie den Raum durchquert, bestimmt sie das nächste Kind, das die Fee darstellen darf.

4. Fühl-Ratespiel mit einem Feenzauberstab (= Palmwedel-Dekopicker für Eisbecher)

Die Kinder sitzen im Kreis und halten ihre Hände hinter dem Rücken, die Handflächen zeigen nach oben. Die Gruppenleiterin geht herum und kitzelt die Handflächen mit einem Palmwedel -Dekopicker für Eisbecher. Die Kinder müssen raten, womit sie gekitzelt worden sind.

Melodie ‹Gute Fee› (CD, Track 3 und 4) **Musik: Bernd Sippel**

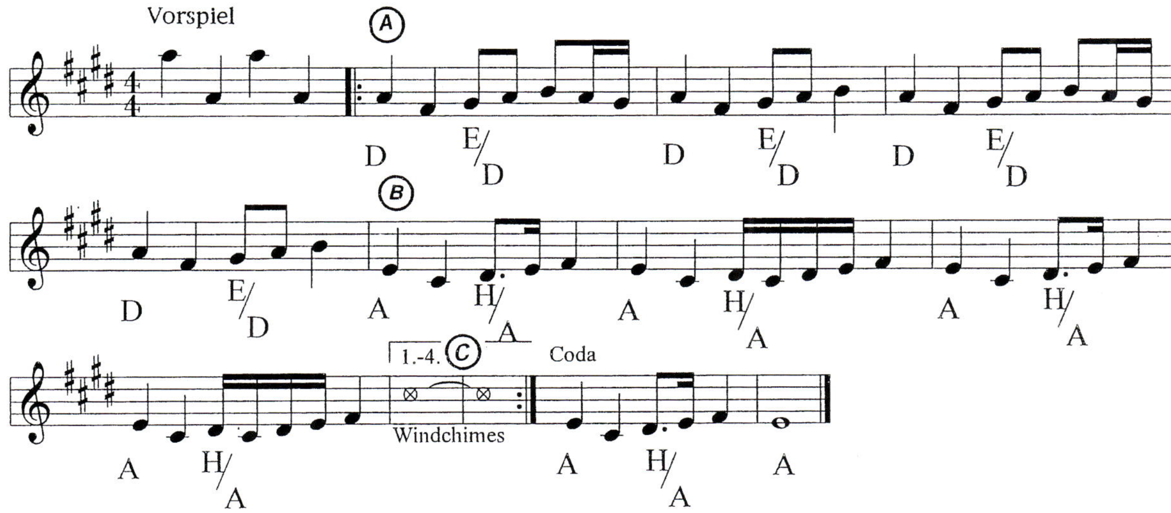

Form

Vorspiel: 4 Schläge

A	B	Chimes	A	B	Chimes	A	B	Chimes	A	B	Chimes	Schluss
4 Takte	4 Takte	2 Takte	4 Takte	4 Takte	2 Takte	4 Takte	4 Takte	2 Takte	4 Takte	4 Takte	2 Takte	2 Takte

FEE MIT ZAUBERSTÄBEN

Bewegungsspiele mit Musik

1. Auf der Feenwiese: Blumenfeen wohnen in ihren Blüten

Drei Kinder gehen zusammen. Ein Kind stellt eine Blumenfee dar. Sie wohnt in der Blume, gespielt von den beiden anderen Kindern.

A-Teil	B-Teil	‹Feenstaub› (Signal mit Chimes)
Die Blume öffnet sich und die Blumenfee tanzt mit zarten Bewegungen durch den Raum. Die Blumen wiegen sich unterdessen im Wind hin und her.	Wie im A-Teil bewegen sich die Blumenfeen weiter. Die Musik motiviert zu zarten Armbewegungen und Drehungen. Es kann auch vorkommen, dass es so eine Blumenfee ziemlich eilig hat und ein bisschen herumrennen muss.	Irgendjemand oder irgendetwas stört den Feentanz, die Feen flitzen zurück zu ihren Blüten, die Blüten schliessen sich schützend um die Fee. Ein anderes Kind aus dem Blütentrio ist beim nächsten Durchgang die Fee.

2. Alle Kinder sind versteinerte Prinzessinnen und Prinzen

A-Teil	B-Teil	‹Feenstaub› (Signal mit Chimes)
Ein Kind ist die Fee und schwebt mit einem ‹Zauberstab› (= Palmwedel-Dekopicker für Eisbecher) in jeder Hand um die versteinerten Kinder herum.	Die Fee tanzt weiter wie im A-Teil.	Die Fee streift sich mit dem ‹Zauberstab› einen Körperteil ab, den die versteinerten Prinzessinnen und Prinzen beim nächsten AB-Teil bewegen dürfen. Von Strophe zu Strophe können sich die Prinzessinnen und Prinzen immer vielseitiger bewegen.

3. Alle Kinder sind Feen mit Zauberstäben (nach einer Idee von Angelika Vögele –Wolf)

Bevor man an die Kinder die Zauberstäbe (=Palmwedel-Dekopicker für Eisbecher)verteilt, muss man sie darauf aufmerksam machen, dass die Enden ziemlich spitz sind. Alternativ sind Trinkhalme ‹Feuerwerk› ebenso geeignet.

A-Teil	B-Teil	‹Feenstaub› (Signal mit Chimes)
Die Gruppenleiterin macht mit ihren Zauberstäbchen langsame und deutliche Bewegungen vor. Es können klar erkennbare Formen wie Kreise, Vierecke oder Schlangenlinien sein.	Die Kinder imitieren die Bewegungen der Gruppenleiterin.	Kindergartenkinder drehen sich um sich selbst. Bei Gruppen mit älteren Kindern bestimmt die Gruppenleiterin mit dem Zauberstab die nächste ‹Fee›, die im folgenden A-Teil die Bewegungen mit den Palmwedelpickern vormacht.

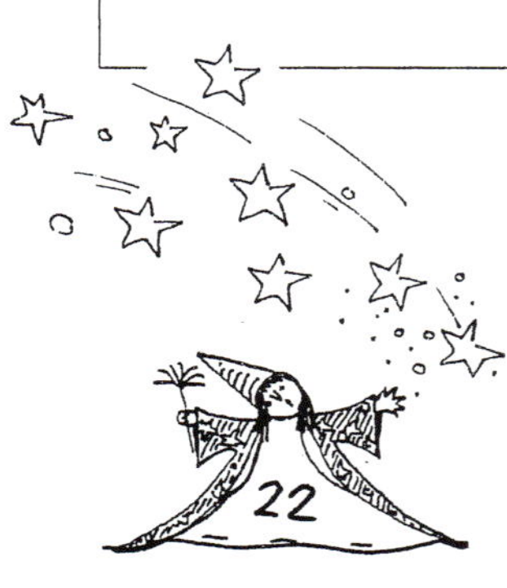

DIE BLUMENFEE IST AUSGEFLOGEN

... UND WIEDER ZU HAUSE

4. Im Wunschgarten

Alle Kinder haben zwischen Daumen und Zeigefinger je einen Dekopicker in der Hand.

A-Teil	B-Teil	‹Feenstaub› (Signal mit Chimes)
Mit behutsamen Schritten und in aufrechter Haltung gehen alle kreuz und quer durch den Raum und suchen sich in Gedanken eine Person aus, der sie etwas Liebes wünschen wollen. Diese Person muss nicht im Raum anwesend sein.	Langsame Drehungen werden rechtsherum ausgeführt, abgelöst von Drehungen linksherum. Dabei denkt man sich einen guten Wunsch aus.	Die guten Gedanken werden losgeschickt, unterstützt von Zauberbewegungen mit den Zauberstäbchen, die dabei fröhlich glitzern.

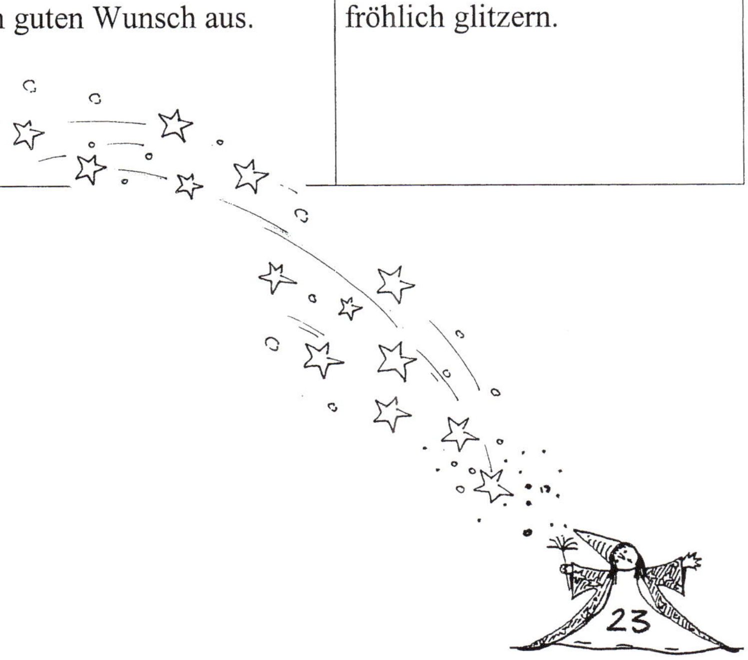

… mit ein bisschen Üben

1. Tanz mit Feenzauberstäben für Kinder ab 4 Jahre (zur kurzen Version CD, Track 4)

Die Kinder stehen im Kreis, jedes hat zwei Zauberstäbe (Palmwedelpicker).

A- und B-Teil	‹Feenstaub› (Signal mit Chimes)
Ein Kind macht langsame und einfache Bewegungen vor, malt z.B. Kreise in die Luft. Es sollen dabei alle an ihrem Platz bleiben. Die anderen Kinder führen die Bewegungen **gleichzeitig** aus. Für jede der drei Strophen macht jeweils ein anderes, von der Gruppenleiterin bestimmtes Kind die Bewegungen vor.	Alle Kinder drehen sich an ihrem Platz einmal um sich selbst und wirbeln und winken dabei tüchtig mit den Zauberstäben.

2. Tanz mit Feenzauberstäben für Grundschulkinder (zur langen Version CD, Track 3)

Die Kinder stehen im Kreis, jedes hat zwei Zauberstäbe (Palmwedelpicker).

A- und B-Teil	‹Feenstaub› (Signal mit Chimes)
Ein Kind macht langsame und einfache Bewegungen mit den Palmwedelpickern vor. Es kann zusätzlich sparsame Rückwärts- und Vorwärtsschritte einsetzen, so dass der Kreis grösser und kleiner wird. Die anderen Kinder führen die Bewegungen **gleichzeitig** aus. Für jede der fünf Strophen macht jeweils ein anderes, von der Gruppenleiterin bestimmtes Kind die Bewegungen vor.	Für jedes der vier Signale finden die Kinder in der Vorbereitung eine Bewegung, die gemeinsam in Bezug auf Art und Reihenfolge für den Tanz festgelegt wird.

Weiterführende Ideen

1. Tanz der guten Feen im Märchenspiel ‹Dornröschen›

«Das Fest ward mit aller Pracht gefeiert, und als es zu Ende war, beschenkten die weisen Frauen das Kind mit ihren Wundergaben: die eine mit Tugend, die andere mit Schönheit, die dritte mit Reichtum, und so mit allem, was auf der Welt zu wünschen ist.» So erzählt das Märchen ‹Dornröschen›. Zur Musik (CD, Track 3) schreiten die Kinder, welche die weisen Frauen darstellen, um die Wiege von Dornröschen und bedenken das Kind mit bedeutungsvollen Gesten (vgl. S. 121).

2. Jedes Kind malt seine eigene Fee

Als Gestaltungsimpuls wird für jedes Kind ein Paar zarte Feenflügel aus Tüll auf ein Blatt Papier geklebt. Jedes Kind gibt seiner eigenen Vorstellung von einer Fee Ausdruck und hält sie mit Malstiften fest, mit oder ohne Flügel.

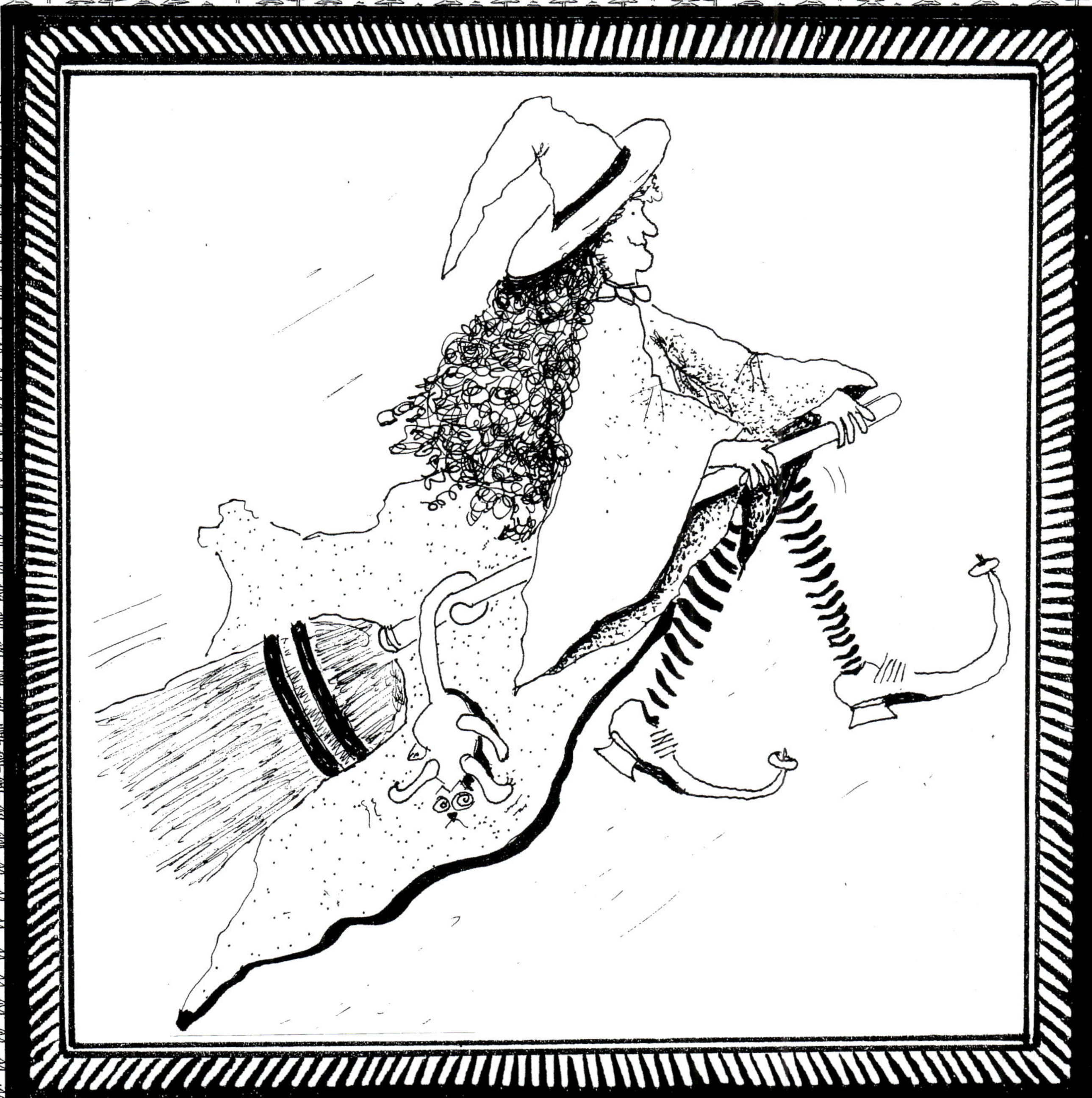

HEXE

IM HEXENKESSEL BRODELT'S

AUF DEM BESEN ZUM BLOCKSBERG

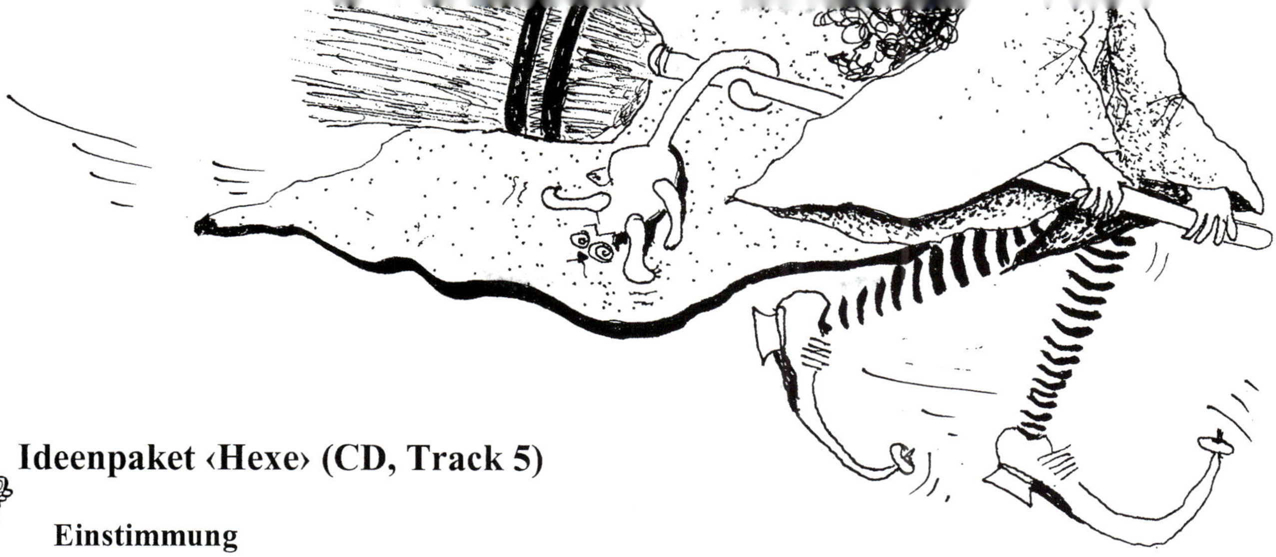

Ideenpaket ‹Hexe› (CD, Track 5)

Einstimmung

1.	‹Hexenhaus›, ein spannendes Bewegungsspiel von Gerda Bächli
2.	Die Hexe braut einen Zaubertrank und spricht dazu einen Hexenspruch.
3.	Fangenspiel ‹Hex', Hex', komm heraus, aus dem alten Hexenhaus!›
4.	Versteckspiel ‹Nichts wie weg, die Hexe kommt!› zu einer Instrumentalbegleitung

Bewegungsspiele mit Musik

	A-Teil	B-Teil
1.	Hexentanz um den Hexenkessel	
	Die Hexen brauen einen Zaubertrank.	Die Hexen fliegen los.
2.	Hexenspiel mit Gymnastikstäben	
	Hexenrhythmen mit Gymnastikstäben	Mit Gymnastikstäben fliegen
3.	Hexentanz mit Kinderreisigbesen	
	Hexenhaus mit Kinderreisigbesen fegen	Die Oberhexe fliegt vor.
4.	Dreifelder-Hexenspiel	
	Hexe bewegt sich in ihrem Mittelfeld.	Die Kinder durchqueren das Feld der Hexe; die Hexe kann die Kinder fangen.

… mit ein bisschen Üben

1.	Hexentanz mit Zauberspruch

Weiterführende Ideen

1.	Gemeinsam mit den Kindern ‹Die Hütte der Baba Jaga› aus ‹Bilder einer Ausstellung› von Modest Mussorgsky anhören
2.	Den Hexentanz in das Märchen von ‹Hänsel und Gretel› integrieren (vgl. S. 140)

Erläuterungen zum Ideenpaket ‹Hexe› (CD, Track 5)

Charakter der Märchenfigur ‹Hexe›

Hexen erzeugen vielfältige und widersprüchliche Gefühle. Seit Harry Potter in aller Munde ist, wurde die Welt der Hexen und Zauberer mit liebevollen, verrückten, kauzigen und auch hinterhältigen Charakteren bereichert. Die Knusperhexe aus dem Märchen ‹Hänsel und Gretel› der Brüder Grimm jedoch symbolisiert das übermächtige Böse. Sie ist nicht nur äusserlich hässlich, sondern durch und durch gemein und hinterlistig. Die beiden Kinder haben furchtbare Angst vor ihr, denn die Hexe macht keinen Hehl daraus, dass sie Hänsel und Gretel fressen will. Dass die Kinder die Hexe durch listiges Handeln überrumpeln und sich aus dieser ausweglosen Situation befreien können, ist ein wichtiges Signal für alle, die das Märchen erzählt bekommen und sich davon angesprochen fühlen: «Auch wenn es noch so ausweglos erscheint, man kann eine Wendung herbeiführen, wenn man sich auf seine eigenen Kräfte besinnt.» Wenn Kinder in spielerischen Situationen sich dieser Angst stellen, laut kreischend und schreiend vor der Hexe davonlaufen, üben sie unbewusst, mit dieser Angst umzugehen. Die bunten Hexengestalten aus Kinderliteratur und elektronischen Medien haben ihre Spuren in der Fantasiewelt der Kinder hinterlassen. Unstrittig ist, dass alle Hexen auf Besen reiten können, was von den Kindern lustvoll imitiert wird. Wenn man in die Rolle der Hexe schlüpft und Zaubersprüche bedeutungsvoll spricht, belebt dies die eigene Ausdruckskraft und bereichert die darstellerischen Fähigkeiten um viele Facetten.

Einstimmung

1. ‹Hexenhaus›, ein spannendes Bewegungsspiel von Gerda Bächli (aus: ‹Traumschiffchen›, Musicvision, Küsnacht 2002)

Alle Kinder stellen sich hintereinander wie für einen Tausendfüssler auf. Wichtig ist, dass jedes Kind sich merkt, wer vor und wer hinter ihm ist. Das erste Kind übernimmt die Führung und die Gruppe folgt ihm auf krummen und geraden Raumwegen. Dazu wird gemeinsam der Spruch gesprochen:

«Die Hexe flog zum Dach hinaus,
nun schleichen wir durchs Hexenhaus!
Tipp tapp, die Treppe hinab,
tipp tapp, die Treppe hinab.
Und wieder hinauf, hinauf, hinauf:
Huu! Die Tür geht auf!»

Hier können die Kinder mit knarrenden Stimmgeräuschen die Wirkung der sich öffnenden Tür steigern. Dann fragt die ganze Gruppe das erste Kind:
«Was siehst du? Bitte sprich!»
Nun kann das erste Kind seiner Fantasie freien Lauf lassen und sich vorstellen, was sich alles im Haus der Hexe tummelt: riesige Frösche, Giftschlangen, Rabenkrähen, schwarze Katzen, verzauberte Gegenstände u.v.m. Auch Giftschweine soll es bei Hexen geben. Das erste Kind bringt seine Idee auf den Punkt und antwortet der Gruppe z.B.:
«Die Besen sehe ich!»
Nun stellen alle Kinder fliegende Hexenbesen dar, so lange, bis das erste Kind ruft:
«'s ist gescheiter, wir gehen weiter!»
Alle Kinder kommen wieder zur Reihe zusammen und achten auf die ursprüngliche Reihenfolge. Nur das erste Kind schliesst sich hinten an, denn nun führt das neue erste Kind die Gruppe durch das Hexenhaus und das Spiel geht in die nächste Runde. Ist die Gruppe

nicht zu gross, kommen alle Kinder dran, sich einen Hexenspuk auszudenken. Können aus Zeitgründen nicht alle an die Reihe kommen, beharren die Kinder, die nicht zum Zuge gekommen sind, darauf, dass die Gruppenleiterin ihre Namen notiert und sie das nächste Mal nicht vergessen werden.

Der Zauber dieses Spiels entsteht nicht zuletzt durch den raffinierten Rhythmus des Textes. Gerda Bächli hat ihn so aufgeschrieben:

‹Hexenhaus› **Text: Gerda Bächli**

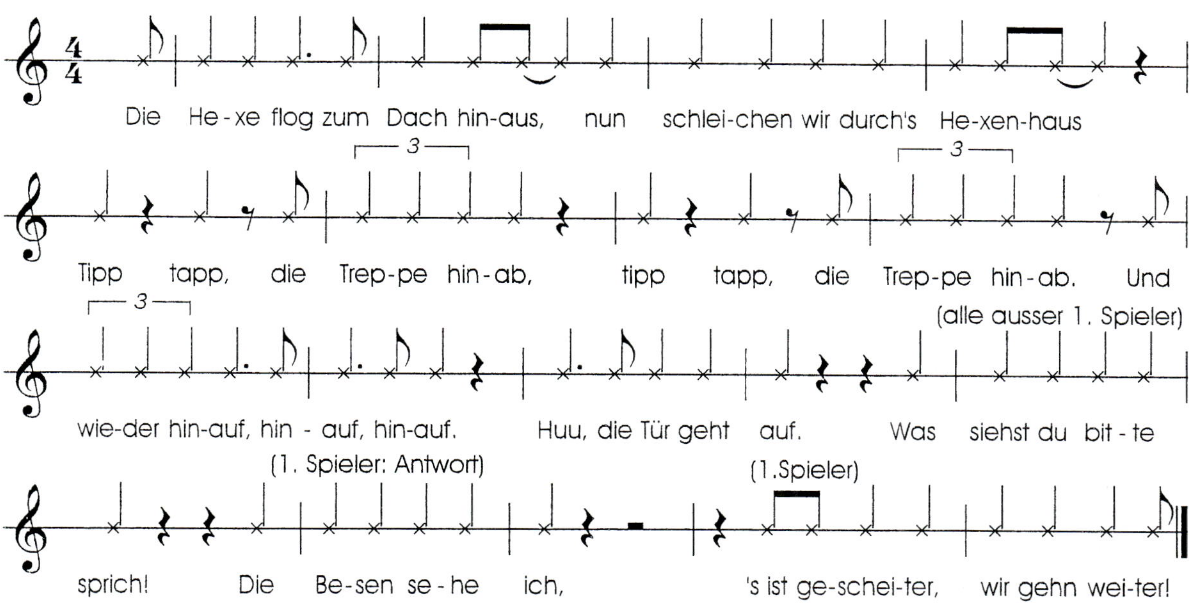

Schweizerdeutscher Text:
D'Häx isch grad zum Chämi us,
jetzt schlyched mir durs Häxehuus!
Tip tap d'Stäge durab!
Tip tap d'Stäge durab!
Und wieder duruf,duruf, duruf: Uii, e Tür gaat uf!
"Was hät's dine? Sägs!"
"(D'Bäse) vo de Häx!"
Gschyder mer gönd wyter!

2. Die Hexe braut einen Zaubertrank und spricht dazu einen Hexenspruch

Wer träumt nicht davon, sich mit ‹Abrakadabra› und ‹Simsalabim› einen Sack Gold zu zaubern und auf einen Schlag damit fast alle Sorgen vom Tisch zu wischen. Jedes Kind weiss, dass es so einfach nicht geht; trotzdem haben Hexensprüche ihre Faszination. Unser Spruch ist ein Geheimrezept für einen fliegenden Besen und funktioniert noch besser, wenn er mit leiser Hexenstimme geflüstert wird:

‹Hexenspruch› **Text: Ulrike Meyerholz, Susi Reichle**

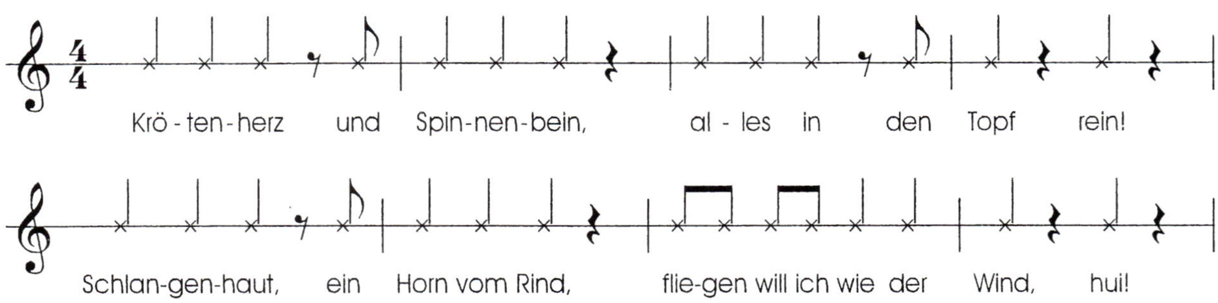

Die Kinder stehen im Kreis und rühren in einem imaginären Hexenkessel. Danach nehmen sie pantomimisch ihre Besen und sausen durch den Raum, unterstützt von einer Instrumentalbegleitung der Gruppenleiterin.

3. Fangenspiel ‹Hex, Hex, komm heraus, aus dem alten Hexenhaus!›

Wie bei dem Spiel ‹Schwarzer Mann› steht die ‹Hexe› allein an einer Seite des Spielfeldes und die restlichen Kinder stellen sich gegenüber auf der anderen Seite auf. Die Kinder reizen die Hexe mit den Rufen: «Hex, Hex, komm heraus, aus dem alten Hexenhaus! Fang uns doch, fang uns doch! Deine Schürze hat ein Loch!» Die Kinder versuchen, die andere Seite zu erreichen, ohne von der Hexe gefangen zu werden. Hat sie ein Kind erwischt, spielt dieses die nächste Hexe oder sie fangen zusammen und spielen so viele Durchgänge, bis alle Kinder gefangen sind.

4. Versteckspiel ‹Nichts wie weg, die Hexe kommt!› zu einer Instrumentalbegleitung

Die Kinder laufen zu einer melodischen, tänzerisch-harmonischen Instrumentalbegleitung (Klavier, Gitarre usw.) fröhlich durch den Raum. Spielt die Gruppenleiterin abrupt dunkle, disharmonische Cluster, symbolisiert sie damit die erscheinende Hexe. Die Kinder suchen sich schreiend ein Versteck im Raum. Erst wenn wieder das fröhliche Instrumentalspiel erklingt, ist die Luft rein und die Kinder kommen hervor und hüpfen herum.

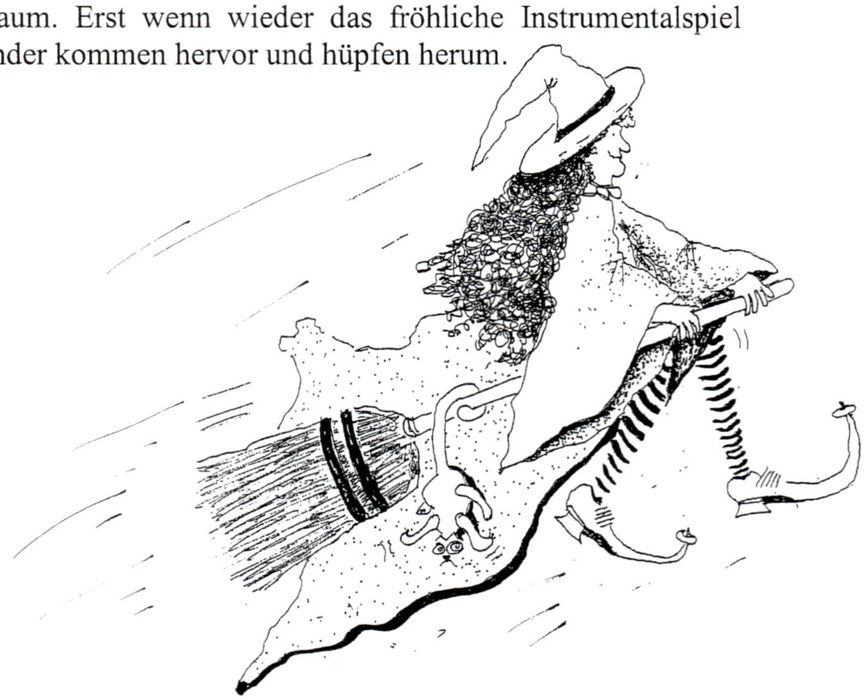

Melodie ‹Hexe› (CD, Track 5 und 6) **Musik: Bernd Sippel**

Form

Vorspiel: 2 Takte

A	B	A	B	A	B	A	B
8 Takte	8 Takte	8 Takte	8 Takte	8 Takte	8 Takte	8 Takte	8 Takte

NICHT JEDER HAT EINEN NIMBUS 2000!

Bewegungsspiele mit Musik

1. Hexentanz um den Hexenkessel

A-Teil	B-Teil
Die Kinder stellen alle Hexen dar, die rund um einen grossen, imaginären Hexenkessel stehen und pantomimisch mit ernsthaften Mienen in dem Zaubertrank rühren.	Die Kinder ‹fliegen› gegen den Uhrzeigersinn auf einem imaginären Hexenbesen durch hochbetonte Hüpfer grossräumig um den Hexenkessel herum.

2. Hexenspiel mit Gymnastikstäben

A-Teil	B-Teil
Jedes Kind hat einen Gymnastikstab. Alle stehen im Kreis und stossen den Stab im Metrum auf den Boden. **Variation:** Die Gruppenleiterin klopft eintaktige Rhythmen auf den Boden, die Kinder geben diesen Rhythmus als Echo wieder. Vier Mal ist dieses Echospiel im A-Teil möglich.	Die Kinder ‹fliegen› auf den Stäben gegen den Uhrzeigersinn grossräumig mit hochbetonten Hüpfern im Kreis.

3. Hexentanz mit Kinderreisigbesen

A-Teil	B-Teil
Jedes Kind hat einen Kinderreisigbesen. Als Hexen fegen sie damit das Hexenhaus blitzblank.	Die Kinder ‹fliegen› auf ihren Besen gegen den Uhrzeigersinn grossräumig im Kreis.

4. Dreifelder-Hexenspiel

Der Raum ist mit Tesa-Krepp-Klebestreifen in drei grosse Felder aufgeteilt: Im mittleren Feld ‹wohnt› die Hexe, in den beiden äusseren Feldern befinden sich in zwei etwa gleich grossen Gruppen die Kinder.

A-Teil	B-Teil
Die Hexe bewegt sich gruselig nach Hexenart in ihrem Bereich, um die Kinder zu erschrecken.	Die Kinder müssen rennend den Bereich der Hexe durchqueren, um zum anderen Kinderfeld zu gelangen.

Fängt die Hexe ein Kind, verwandelt es sich in eine Hexe, bewegt sich gruselig im nächsten A-Teil im Mittelfeld und hilft im B-Teil der nächsten Strophe, weitere Kinder zu fangen.

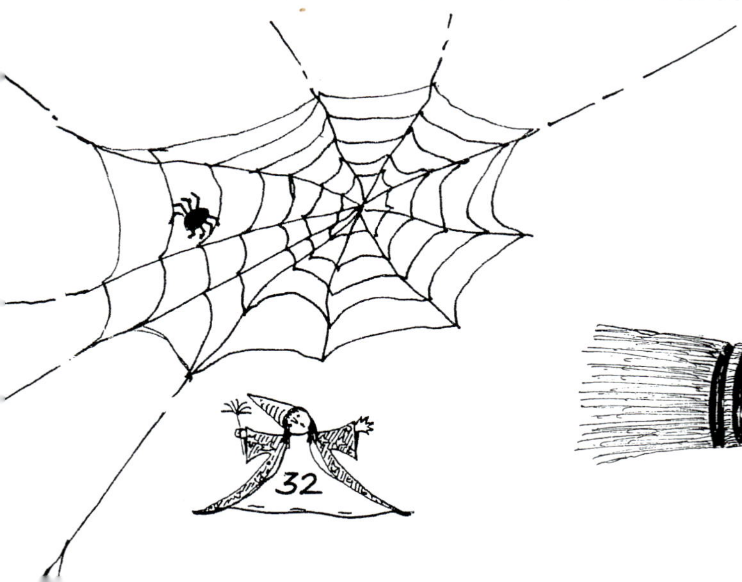

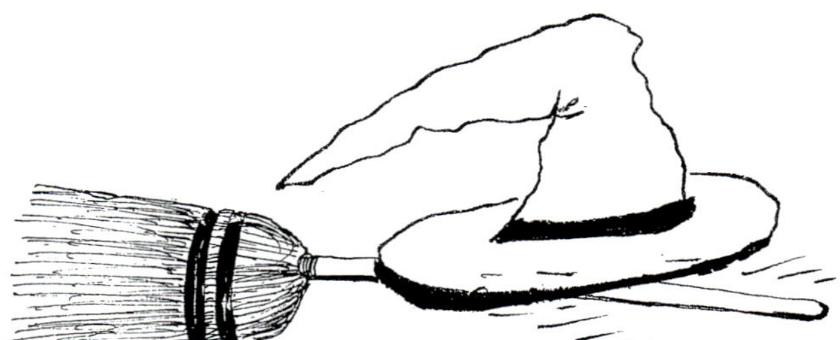

... mit ein bisschen Üben

1. Hexentanz mit Zauberspruch

A-Teil	B-Teil
Die Kinder rühren pantomimisch in einem grossen Hexenkessel und sprechen dazu mit magischem Ausdruck: *Krötenherz und Spinnenbein,* *alles in den Topf rein!* *Schlangenhaut, ein Horn vom Rind,* *fliegen will ich wie der Wind, hui!*	Die Kinder ‹fliegen› um den imaginären Hexenkessel herum und singen dabei den zweiten Teil des Hexenspruchs mit der Melodie des B-Teils: *Alle haben Angst, alle haben Angst,* *wenn die böse Hexe kommt,* *alle haben Angst, alle haben Angst,* *wenn die böse, wilde Hexe kommt!*

Weiterführende Ideen

1. Gemeinsam mit den Kindern ‹Die Hütte der Baba Jaga› aus ‹Bilder einer Ausstellung› von Modest Mussorgsky anhören

Baba Jaga, eine Hexengestalt aus dem russischen Volksmärchen, wohnt in einer Hütte auf Hühnerbeinen und fliegt nicht auf einem Besen, sondern auf einem Mörser übers Land. Die spannende und mitreissende Musik von Modest Mussorgsky lässt die Kinder nicht lange auf ihren Sitzen bleiben. Auf vielen Tonträger-Veröffentlichungen sind die Originalfassung für Klavier und die Orchesterfassung von Maurice Ravel zu hören.

2. Den Hexentanz in ‹Hänsel und Gretel› integrieren (vgl. S. 140)

Mit der Kurzversion (CD, Track 6) bereitet die Knusperhexe für Hänsel ein leckeres Süppchen vor, damit er bald dick und fett wird. Dazu singt sie:

Sellerie und Hühnerbein,
alles in den Topf rein.
Erbsen noch dazu geschwind.
Das mag wirklich jedes Kind! Ha!

Alle haben Angst, alle haben Angst,
wenn die alte Hexe kommt!
Alle haben Angst, alle haben Angst,
wenn die alte Knusperhexe kommt!

PRINZ zu PFERD

Ideenpaket ‹Prinz zu Pferd› (CD, Track 7)

Einstimmung

1.	Rätsel: Was hat sechs Beine und geht nur auf vieren?
2.	Reaktionsspiel mit Schritt, Trab und Galopp

Bewegungsspiele mit Musik

	A-Teil	B-Teil
1.	Die Kinder stellen Pferde auf einer Koppel dar	
	Die ‹Pferde› galoppieren kreuz und quer durch den Raum.	Die ‹Pferde› bleiben stehen, scharren mit den Hufen und bäumen sich auf.
2.	Die Kinder spielen ‹Prinzen auf ihren Pferden›	
	Die ‹Prinzen› reiten kreuz und quer über Hindernisse durch den Raum.	Die ‹Prinzen› kämpfen gegen unsichtbare Gegner.

… mit ein bisschen Üben

	A-Teil	B-Teil
1.	Grosses Turnier vor dem Königsschloss	
	Die Prinzen zeigen ihre Geschicklichkeit und reiten über Hindernisse.	Das Überwinden der Hindernisse wird schwieriger, da sie sich plötzlich bewegen.
2.	Die Prinzen ziehen in einen Zweikampf zu Pferd	
	Die Prinzen reiten im Schritt oder Galopp.	Die Prinzen kämpfen mit ihren Degen (Isofanten).

Weiterführende Ideen

1.	Auftritt des Prinzen im Märchen ‹Dornröschen› (s. S. 124) und ‹Schneewittchen› (s. S. 149)
2.	Ideen aus dem Kapitel ‹Höfischer Tanz› (s. S. 106) runden das Thema ‹Prinz und Prinzessin› ab.

Erläuterungen zum Ideenpaket ‹Prinz zu Pferd› (CD, Track 7)

Charakter der Märchenfigur ‹Prinz›

Ein Prinz ist ein junger Königssohn. Er kann reiten und kämpfen, ist mutig und stark. Viele gefährliche Situationen wird er auf seinem Lebensweg meistern müssen: Vielleicht wird er in naher Zukunft gegen einen Löwen oder einen Drachen kämpfen. Vielleicht wird er einmal an steilen Burgmauern hochklettern und eine Prinzessin aus höchster Not retten. Er wird von unterschiedlichsten Lehrmeistern gut vorbereitet und trainiert, und so versteht er es, geschickt sein Schwert zu führen, behände zu fechten und gekonnt zu jagen. Prinzessinnen von heute können das auch, vor allem in den Musik- und Bewegungsstunden. Alle Ideen aus diesem Kapitel können von Jungen und Mädchen gemeinsam gespielt und getanzt werden. Ein treuer Begleiter des Prinzen ist in vielen Märchen sein Pferd. Die Kraft, Ausdauer, Eleganz und Klugheit seines Reittieres verstärken das edle Erscheinungsbild des Prinzen. Die Grundbewegungsarten Gehen, Laufen und Galopp werden über das Vorbild Pferd als Schritt, Trab und Galopp bewusst gemacht und in diesem Kapitel besonders geübt. Koordinationsfähigkeit und Bewegungsgeschicklichkeit sind Voraussetzung für das spielerische Kämpfen unter ‹... ein bisschen Üben›.

Einstimmung

1. Rätsel: «Was hat sechs Beine und geht nur auf vieren am Waldesrand und durch den Schlosspark spazieren?» (Ein Prinz auf seinem Pferd!)

Die Gruppenleiterin stellt den Kindern das Rätsel vor. Sie spricht den Text im 6/8-Takt und unterstützt sich dabei mit Oberschenkel-Patschen in gleichmässigen Achteln. Wenn die Kinder über die Frage nachdenken, setzt die Gruppenleiterin das Patschen fort und wiederholt gegebenenfalls das Rätsel. Wird es gelöst, entwickelt sich ein Gespräch über die besondere Beziehung von Königskindern zu ihren Pferden. Emotional stehen Pferde uns Menschen und besonders Kindern sehr nahe. Ausserdem erzählen Märchen von einer Zeit, in der es keine Autos gab. Pferde waren unersetzlich im Alltag als Reit- und Zugtiere, sie waren treue Kameraden bei Reisen und auf Jagden. Für das Kämpfen auf Turnieren wurden sie intensiv ausgebildet. Sie waren sehr kostbar, ein gutes Pferd war ein Statussymbol. Wer ein Pferd hatte, war etwas Besonderes.

2. Reaktionsspiel mit Schritt, Trab und Galopp

Die Kinder wissen aus eigenen Beobachtungen, dass Pferde drei deutlich zu unterscheidende Gangarten haben. Die Gruppenleiterin spielt auf der Handtrommel Schritt (Gehen), Trab (leichtes, federndes Laufen) und Galopp vor. Gemeinsam werden die drei Begriffe dem Gehörten zugeordnet und geübt. Das Galoppieren fällt vielen Kindern gar nicht leicht, das ständige Abspringen vom gleichen Sprungbein ist anstrengend, kommt aber ihrer Bewegungslust entgegen. Die Kinder verteilen sich gleichmässig im Raum, reagieren auf die akustischen Vorgaben der Gruppenleiterin und setzen sie in die drei Gangarten um. Zum Verpusten zwischendurch können sich die ‹Pferde› in einer ‹warmen Sandkuhle› auf dem Boden wälzen, von der Gruppenleiterin mit Handtrommelwischen begleitet. Ist der Bewegungsraum eher zu klein für ein wildes Pferdegetümmel, sollten sich die Kinder auf der Kreisbahn in Tanzrichtung bewegen, um unangenehme Zusammenstösse zu vermeiden.

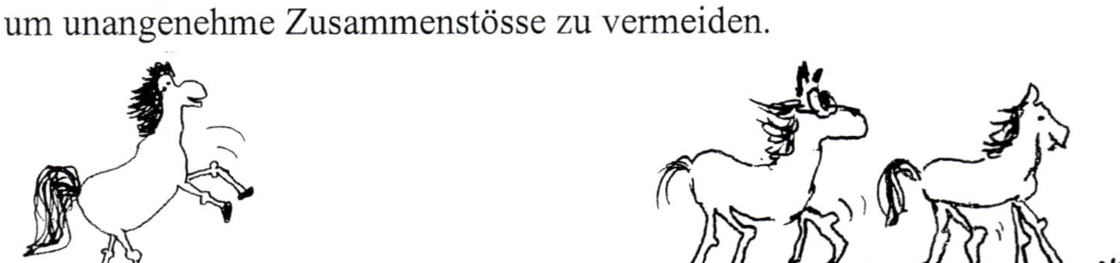

Melodie ‹Prinz zu Pferd› (CD, Track 7 und 8) **Musik: Bernd Sippel**

Form: 4 Takte Vorspiel

A 8 Takte	B 8 Takte	A 8 Takte	B 8 Takte	A 8 Takte	B 8 Takte	A 8 Takte	Schluss 2 Takte

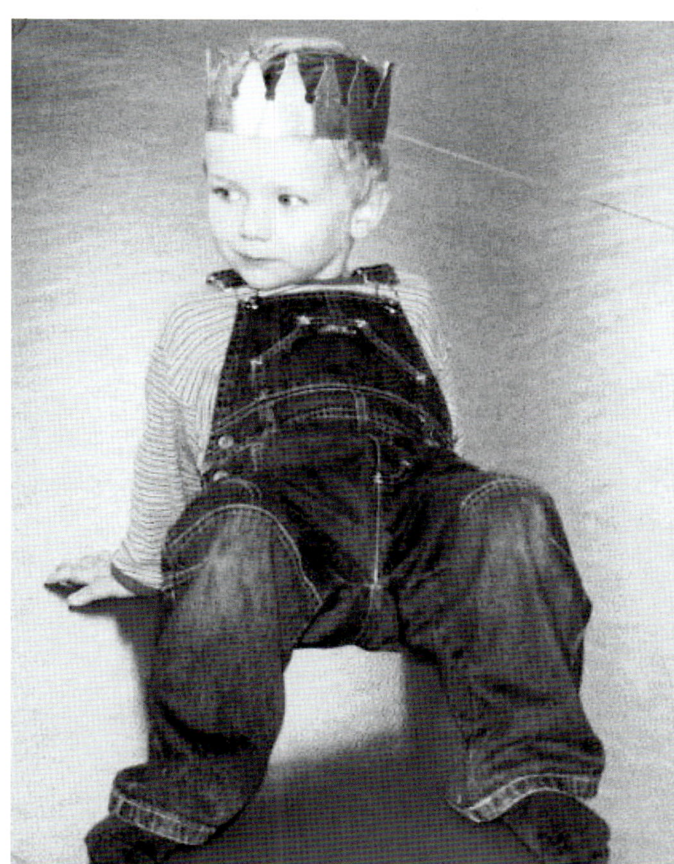

KLEINE PAUSE FÜR PRINZ NOAH

EIN HINDERNIS ... ... MIT TÜCKEN

Bewegungsspiele mit Musik

1. Die Kinder stellen Pferde in einer Koppel dar

Mädchen wie Jungen stellen mit heller Begeisterung Pferde dar, nicht selten kann man noch Viertklässler in der Pause über den Schulhof galoppieren sehen. Durch die Musik mit den deutlich unterschiedlichen A- und B-Teilen bekommt ihre ungestüme Bewegungsfreude einen Rahmen und eine Struktur. Die Gruppenleiterin weist die Kinder darauf hin, dass es hier nicht um wildes Herumrennen geht, sondern darum, die Impulse aus der Musik in die Bewegung zu integrieren, und dass ein richtiges Galoppieren gefragt ist. Ist das Galoppieren nach einiger Zeit zu anstrengend, können die Kinder auch zur Gangart ‹Schritt› wechseln.

A-Teil	B-Teil
Die Kinder galoppieren als Pferde übermütig kreuz und quer durch den Raum. Wird intensiver am Galoppieren geübt, kann die Gruppenleiterin vier Galoppsprünge mit dem rechten Sprungbein beginnend und dann vier Galoppsprünge mit dem linken Sprungbein vorgeben, um so die Sprungkraft beider Beine zu fördern.	Die ‹Pferde› bleiben am Platz, scharren mit den Hufen, schütteln ihre Mähnen und bäumen sich übermütig auf.

2. Die Kinder spielen ‹Prinzen auf ihren Pferden›

A-Teil	B-Teil
Die königliche Fanfare motiviert die Kinder zu einem Abenteuer hoch zu Ross; sie galoppieren kreuz und quer durch den Raum. Um Zusammenstösse zu vermeiden, kann man die Kinder auf der Kreisbahn galoppieren lassen. Gegen Ende des A-Teils beenden sie die grossräumige Bewegung und bleiben stehen.	Die Prinzen kämpfen sich pantomimisch mit ihren imaginären Schwertern durch undurchdringliches Dickicht. Der unsichtbare Gegner kann auch ein Drache oder ein böser Zauberer sein.

… mit ein bisschen Üben

1. Grosses Turnier vor dem Königsschloss

Die Kinder teilen sich in zwei Gruppen auf. Die eine Hälfte der Kinder stellt die Prinzen auf einem Turnier dar, die ihre Geschicklichkeit unter Beweis stellen müssen. Sie sollen über ganz besondere Hindernisse reiten, die von jeweils zwei Kindern der anderen Gruppe entwickelt werden. Jedes Paar denkt sich ein Hindernis mit zwei Isofanten (s. S. 15 im Kapitel Räuber) aus, das sich im B-Teil plötzlich bewegt.

A-Teil	B-Teil
Die Prinzen reiten über die stillstehenden Hindernisse.	Die Hindernisse öffnen und schliessen sich im Rhythmus der Musik. Die Schwierigkeit, die Hindernisse zu überwinden, ohne sie zu berühren, erhöht sich; die Prinzen müssen noch mutiger sein.

Ist die Musik mit ihren vier Strophen zu Ende, tauschen die Kinder die Rollen, und neue raffinierte Hindernisse kommen zum Einsatz.

2. Die Prinzen ziehen in einen Zweikampf zu Pferd

Die Gruppenleiterin hat ein Behältnis mit Chiffontüchern vorbereitet, in dem sich von jeder Farbe zwei gleiche Tücher befinden. Jedes Kind zieht ein Chiffontuch. Die beiden Kinder mit den gleichfarbigen Chiffontüchern sind Gegner im Zweikampf-Fechten. Jedes Kind bindet sich das Chiffontuch um den Bauch und steckt sich einen Isofanten als Degen hinein.

A-Teil	B-Teil
Zum A-Teil reiten die Kinder kreuz und quer im Galopp oder im eleganten Schritt. Gegen Ende des A-Teils kommen sich die Kontrahenten näher und stellen sich vis-à-vis in selbstbewusster Schrittstellung auf. 	Zum ersten Schlag des B-Teils ziehen die Kinder ihre Degen mit Schwung aus der Scheide und schlagen sie im Rhythmus der Musik zu den ersten 4 Takten gegeneinander. In Takt 5 bedrängt der erste der Kämpfenden, Prinz A, seinen Gegner Prinz B mit zweieinhalb Nachstellschritten vorwärts. Entsprechend weicht Prinz B in Takt 5 mit zweieinhalb Nachstellschritten rückwärts aus. In Takt 6 ist es genau umgekehrt und Prinz B drängt Prinz A wieder mit zweieinhalb Nachstellschritten auf die Ausgangsposition zurück. In Takt 7 verkürzt sich dieser Vorgang auf eineinhalb Nachstellschritte vorwärts für Prinz A (Prinz B entsprechend rückwärts) und eineinhalb Nachstellschritte vorw. für Prinz B (Prinz A entsprechend rückwärts). In Takt 5–7 haben die ‹Degen› der beiden Kämpfenden frontal hoch erhoben miteinander Kontakt und führen in Takt 8 eine ganze Drehung mit hoch gekreuzten Degen durch. Sehr ‹echt› sieht diese Drehung wieder mit Nachstellschritten aus.

Die im B-Teil vorgeschlagene Bewegungsfolge zu zweit muss gut geübt werden. Der Rhythmus beim Fechten (Takt 1–4) gibt der Bewegung Struktur und sie prägt sich so besser ein. Wichtig ist, dass die Paare verabreden, wer wen zuerst ‹zurückdrängt›. Die typische Haltung und die raumgreifenden Nachstellschritte sind den Kindern aus Mantel- und Degenfilmen

PARTYTIME FÜR ERFOLGREICHE PRINZEN

bekannt und werden schnell imitiert. Ist der Bewegungsablauf insgesamt zu anspruchsvoll für die Kinder, können die Takte 1–4 noch einmal wiederholt werden.

Weiterführende Ideen

1. Auftritt des Prinzen in ‹Dornröschen› (s. S. 124) und ‹Schneewittchen› (s. S. 149)

Bei beiden Märchen kommt der Prinz erst gegen Ende der Geschichte ins Spiel und bringt eine glückliche Wendung in das Geschehen. Um den Auftritt des Prinzen in die Handlung zu integrieren, eignet sich die kurze Version (CD, Track 8).

2. Ideen aus dem Kapitel ‹Höfischer Tanz› (s. S. 106) runden das Thema ‹Prinz und Prinzessin› ab

Aufrechte Haltung, vornehmes Schreiten, huldvolles Begrüssen, Verbeugungen, Reverenzen und feine Tanzschritte gehören zum unverzichtbaren Repertoire von Prinzessinnen und Prinzen.

PRINZESSIN

Ideenpaket ‹Prinzessin› (CD, Track 9)

Einstimmung

1.	Die Kinder werden betont vornehm auf höfische Art begrüsst und bekommen ihren Platz an einem Stern aus Pfauenfedern.
2.	Spielerische Übungen zum Kennenlernen des Dreivierteltakts

Bewegungsspiele mit Musik

	A, A'-Teil	B, B'-Teil
1.	Spiegelbildspiel im Spiegelsaal	
	Die Prinzessinnen und Prinzen schreiten durch den Spiegelsaal.	Die Spiegelkinder imitieren mit Mimik und Gestik die Bewegungen der Königskinder.
2.	Zarte Bewegungen mit Pfauenfedern ausprobieren	
	Die Gruppenleiterin zeigt im Kreis zarte Bewegungen mit Pfauenfedern vor; die Kinder imitieren gleichzeitig die Bewegungen.	Die Kinder schreiten auf der Kreisbahn mit einer Feder in der Hand.
3.	Die Pfauenfedern werden auf der flachen Hand balanciert	
	Die Kinder schreiten durch den Raum.	Bei einem Triangelsignal verharren sie in ihrer Position.
4	Tanzspiel mit einem Tor	
	Die Kinder schreiten in einer langen Schlange durch den Raum.	Es wird ein Tor gebildet.

… mit ein bisschen Üben

1.	Tanzen im Dreivierteltakt mit Anstellschritten
2.	Kreistanz mit Pfauenfedern (für ältere Kindergartenkinder)
3.	Tanz zu zweit mit Pfauenfedern (für Grundschulkinder)

Weiterführende Ideen

1.	Entspannungsmusik zum Ende der Stunde
2.	Die Kinder malen zu einem vorher erzählten Märchen ein Bild.
3.	Verabschiedungsspiel mit Pfauenfedern

Erläuterung zum Ideenpaket ‹Prinzessin› (CD, Track 9)

Charakter der Märchenfigur ‹Prinzessin›

Würdevoll schreiten, elegant tanzen, über Anstandsregeln Bescheid wissen, weben und sticken, das sind Klischees über echte Prinzessinnen von früher. Historische Abbildungen zeigen zarte, junge Frauen in kostbaren Gewändern. Dagegen sind Märchenprinzessinnen vor allem die Heldinnen der Märchenhandlung. Es geht weniger um höfisches Leben als um die Entwicklung einer Persönlichkeit, mit der man sich beim Hören des Märchens identifizieren kann. Trotzdem können Prinzessinnen in unserer Fantasie in die schönsten Gewänder gekleidet sein und sich würdevoll benehmen. Gute Haltung, aufrechtes Gehen, Schreiten, Geschicklichkeit im Umgang mit zarten Objekten, Respekt vor den anderen und das Einhalten von Regeln werden in diesem Kapitel besonders geübt. Wie beim Kapitel ‹Prinz› können alle Jungen die spielerischen Übungen bewältigen und werden als Prinz angesprochen.

Einstimmung

1. Die Kinder werden betont vornehm auf höfische Art begrüsst und bekommen ihren Platz an einem Stern aus Pfauenfedern

Bevor die Kinder in den Raum kommen, legt die Gruppenleiterin einen Stern aus Pfauenfedern in die Mitte des Raumes. Wie ein Zeremonienmeister begrüsst sie jedes Kind als ‹Prinzessin Julia› oder ‹Prinz Maximilian› und weist ihnen einen Platz am Pfauenfederstern zu. Gemeinsam wird überlegt, welche Formen noch mit den Federn gelegt werden können. In einem Gespräch erklärt die Gruppenleiterin den Kindern, dass der Pfau ein Symbol für Macht, höfischen Glanz, Würde, aber auch Eitelkeit ist.

2. Spielerische Übungen zum Kennenlernen des Dreivierteltakts

Leider sind in den gängigen Liederbüchern nur sehr selten Lieder im Dreivierteltakt zu finden. Deshalb ist es nicht verwunderlich, dass Kinder, Jugendliche und Erwachsene oft sehr unbeholfen sind, wenn sie mit dieser Taktart konfrontiert werden. Es ist daher empfehlenswert, sich bei der Suche nach einem Lied oder einem Tanz einmal bewusst für ein Stück im Dreiviertel- oder Sechsachteltakt zu entscheiden, damit die Kinder öfter damit in Berührung kommen. Die Gruppenleiterin stimmt die Kinder in die Welt eines Schlosses ein. Im grossen Saal sind die Prinzessinnen und Prinzen versammelt und üben mit einem Tanzlehrer verschiedene Tanzschritte. Mit einer Handtrommel oder einem anderen Perkussionsinstrument begleitet sich die Gruppenleiterin beim Vormachen der Schritte im Dreivierteltakt und betont dabei den ersten Schlag des Taktes. Zum Kennenlernen der Musik (CD, Track 9) kann die Gruppenleiterin beim Hören zarte Klanggestenfolgen spielen.

Melodie ‹Prinzessin› (CD, Track 9) **Musik: Bernd Sippel**

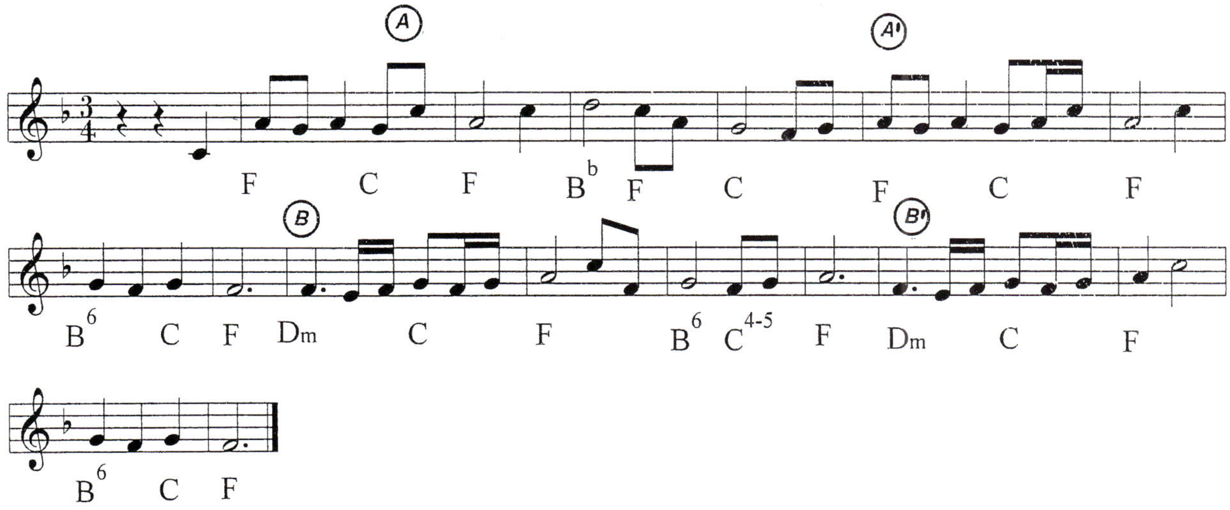

Form
Vorspiel: 2 Takte

AA'	BB'	AA'	BB'	AA'	Schluss
8 Takte	8 Takte	8 Takte	8 Takte	8 Takte	2 Takte

Bewegungsspiele mit Musik

1. Spiegelbildspiel im Spiegelsaal

Die Hälfte der Kinder sind vornehme Prinzessinnen und Prinzen. Die Kinder stellen sich vor, dass sie kostbare, mit Edelsteinen bestickte Gewänder anhaben, die am besten zur Geltung kommen, wenn sie auch entsprechend präsentiert werden. Die anderen Kinder sind kostbare Spiegel, die gleichmässig am Rand des Raumes verteilt stehen, inspiriert vom Spiegelsaal von Versailles.

A, A'-Teile	B, B'- Teile
Die Prinzessinnen und Prinzen schreiten würdevoll und langsam durch das Schloss.	Die Prinzessinnen und Prinzen betrachten sich in den Spiegelkindern mit langsamen Gesten und ausdrucksstarker Mimik. Die Spiegelkinder imitieren diese zarten Bewegungen gleichzeitig wie ein Spiegel.

Falls die Kinder Schwierigkeiten haben, den B-Teil zu erkennen, schlägt die Gruppenleiterin auf einen Triangel.

2. Zarte Bewegungen mit Pfauenfedern ausprobieren

Alle stehen im Kreis und jedes Kind hat eine Pfauenfeder in der Hand.

A, A'- Teile	B, B'-Teile
Die Gruppenleiterin zeigt langsame und zarte Bewegungen vor, die die Kinder gleichzeitig imitieren, z. B. Heben und Senken der Feder, auf der Handfläche balancieren, langsame Vorwärts-, Rückwärts- und Seitwärtsschritte mit Blickrichtung zur Kreismitte.	Alle schreiten auf der Kreisbahn in Tanzrichtung und tragen ihre Feder vorsichtig vor dem Körper.

3. Die Pfauenfedern werden auf der flachen Hand balanciert

A, A'-Teile	B, B'-Teile
Die Kinder balancieren die Pfauenfeder auf der flachen Hand und schreiten dabei kreuz und quer durch den Raum.	Wenn sie jemanden treffen, verbeugen sie sich vornehm. Die Gruppenleiterin kann durch ein Signal mit einem Instrument (z.B. Fingerzimbel) den B- und B'-Teil deutlich machen.

4. Tanzspiel mit einem Tor

A, A'-Teile	B, B'-Teile
Die Kinder schreiten in einer langen Schlange hintereinander durch den Raum. Das erste Kind bestimmt den Raumweg.	Die beiden ersten Kinder machen ein Tor und lassen die anderen Kinder durchziehen. Sie hängen sich an das Schlangenende an, wenn alle durch das Tor durchgeschritten sind. Wenn alle Kinder eine Pfauenfeder haben, werden die Bewegungen der Kinder noch würdevoller. Auch das Tor wird dann vorsichtig aus zwei Pfauenfedern gebildet.

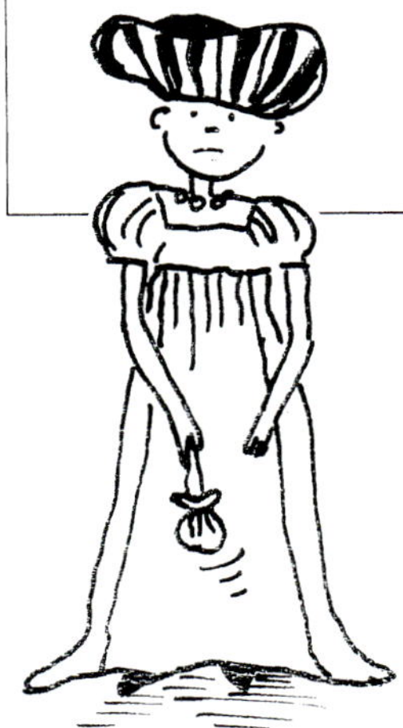

... **mit ein bisschen Üben**

1. Tanzen im Dreivierteltakt mit Anstellschritten

A, A'-Teile	B, B'-Teile
Alle üben das Vorwärtsschreiten im Dreiertakt: Der 1. Schritt wird tiefbetont ausgeführt, dabei etwas in die Knie gehen, der 2. ist ein hochbetonter Anstellschritt auf dem Ballen und der 3. schliesst die Dreierfigur ebenfalls hochbetont auf dem Ballen ab.	Der Dreierschritt wird am Platz nach rechts und links zur Seite ausgeführt.

2. Kreistanz mit Pfauenfedern (für ältere Kindergartenkinder)

Alle stehen mit einer Pfauenfeder in der Hand im Kreis.

A, A'-Teile	B, B'-Teile
Die Kinder schreiten im Dreiertakt auf der Kreisbahn in Tanzrichtung. Wenn alle mit dem rechten Fuss beginnen, sieht es noch feiner aus.	Wieder mit dem re. Fuss beginnend, wenden sich alle zur Kreismitte und schreiten mit 2 Dreierschritten zur Mitte und mit 2 Dreierschritten wieder rückwärts zur Ausgangsposition. Zum B´-Teil wird ein Dreierschritt am Platz nach rechts, ein Dreierschritt am Platz nach links und zu den letzten beiden Takten eine Verbeugung zur Mitte ausgeführt. Lässt man dabei die Feder vorsichtig von unten nach rechts zur Seite gleiten, sieht das sehr vornehm aus. Diese Schrittfolge (A A' B B') ist auch ohne Pfauenfeder möglich.

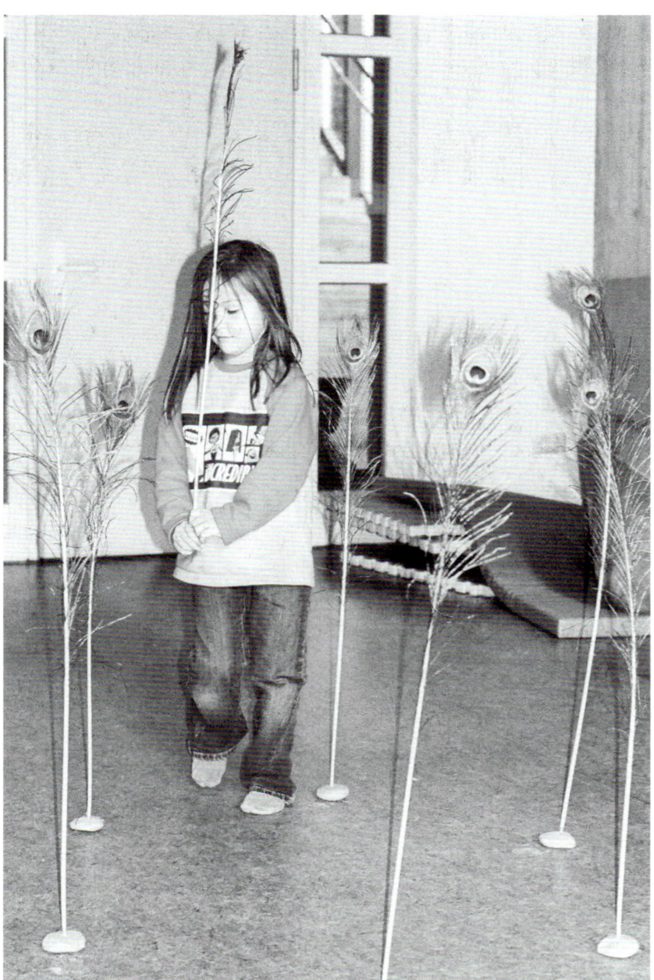

DAS BALANCIEREN WILL GEÜBT SEIN.

3. Tanz zu zweit mit Pfauenfedern (für ältere Grundschulkinder)

Die Kinder stellen sich paarweise auf der Kreisbahn auf.

A, A'-Teile	B, B'-Teile
Jedes Kind hat eine Pfauenfeder in der Innenhand. Alle schreiten mit acht Dreierschritten vorwärts. Die Schritte beginnen mit dem Aussenfuss.	Mit einem Dreierschritt seitlich nach aussen schreiten die Paare auseinander, dabei wechselt die Feder von der Innenhand zur Aussenhand. Zum nächsten Takt gehen die Kinder wieder mit einem seitlichen Dreierschritt zusammen und wechseln die Feder wieder in die Innenhand. Zu Takt 3 und 4 werden die Bewegungen von Takt 1 und 2 wiederholt. Zum B'-Teil wird gemeinsam in vier Takten eine ganze Drehung durchgeführt, wobei das Aussenkind zu Beginn seine Feder von der linken Hand in die rechte Hand wechseln muss und beide Kinder nun um die beiden Federn schreiten, die in ihrer Mitte gehalten werden (Handtour mit Federn).

Weiterführende Ideen

1. Entspannungsmusik zum Ende der Stunde

Die Kinder liegen bequem auf Decken oder Matten. Die Gruppenleiterin spricht mit ruhiger Stimme und lässt besondere Themenschwerpunkte der Stunde Revue passieren. Sie fordert die Kinder auf, die Hände auf den Bauch zu legen und zu beobachten, wie sie sich heben und senken. Leise wird dazu die Musik (CD, Track 9) eingespielt.

2. Die Kinder malen zu einem vorher erzählten Märchen ein Bild

Nach dem Erzählen oder Vorlesen eines Märchens sind die Kinder oft sehr davon berührt. Viele Gedanken gehen ihnen durch den Kopf, manche stellen Fragen. Damit die Geschichte innerlich noch weiterklingen kann, fordert die Gruppenleiterin die Kinder auf, ein Bild zu dem Märchen zu malen. Wenn es sinnvoll ist, kann dazu die Musik (CD, Track 9) eingespielt werden. Sie zaubert eine ruhige, entspannte Atmosphäre. Ist die Musik zu Ende, sollen die Kinder in Ruhe ihre Bilder fertigstellen.

3. Verabschiedungsspiel mit Pfauenfedern

Zum Ende der Stunde liegen die Kinder mit geschlossenen Augen auf dem Boden, so lange, bis sie von der Gruppenleiterin mit einer Pfauenfeder sanft berührt werden. Dann steht das berührte Kind leise auf und darf den Raum verlassen.

BÖSE KÖNIGIN

Ideenpaket ‹Böse Königin› (CD, Track 10)

Einstimmung

1.	‹Gesicht wegwischen›, Spiel mit verschiedenen Gefühlsausdrücken
2.	Eigenschaften ‹scheinheilig› und ‹böse› mit Hilfe eines Spruchs in Mimik und Gestik umsetzen

Bewegungsspiele mit Musik

	AA-Teil	BB-Teil
1.	Eigenschaften ‹scheinheilig› und ‹böse› in Fortbewegung umsetzen	
	Verschiedene Möglichkeiten ausprobieren, sich ‹scheinheilig› zu bewegen	Verschiedene Möglichkeiten ausprobieren, sich ‹böse› zu bewegen

… mit ein bisschen Üben

1.	Wilder Tanz mit Halbmasken

Weiterführende Ideen

1.	Im Rahmen der Auseinandersetzung mit den Märchen ‹Schneewittchen› (s. S. 149) können die Bewegungsspiele aus diesem Ideenpaket integriert werden.

KÖNIGLICHES INTRIGENSPIEL

Erläuterungen zum Ideenpaket ‹Böse Königin› (CD, Track 10)

Charakter der Märchenfigur ‹Böse Königin›

Sie hat viele Gesichter: Sie kann freundlich sein, ist eine stolze Erscheinung und hat die Gabe, Menschen für sich zu gewinnen. Aber im Herzen ist sie böse, kalt und gemein. Ihren Vertrauten gegenüber kann sie unbeherrscht, zornig und wütend sein. Die böse Königin ist ichbezogen, handelt nur in ihrem Interesse, ist geld- und machtgierig. Die ‹Böse Königin› ist ein schwieriges Thema, dem man sich über das Bewusstmachen der Bedeutung von Mimik, Gestik und Körpersprache annähern kann.

Einstimmung

1. ‹Gesicht wegwischen›, Spiel mit verschiedenen Gesichtsausdrücken

Die böse Königin zeigt selten ihr wahres Gesicht, vordergründig kann sie sehr freundlich sein. Die Gruppenleiterin zeigt den Kindern ein freundliches Gesicht, wischt es dann mit einer Handbewegung von der Stirn über die Nase zum Brustbein weg und es erscheint ein grimmiges, böses Gesicht mit den Mundwinkeln nach unten. Meistens reagieren die Kinder darauf mit Lachen, manchen ist es aber auch unheimlich, dass sich die Gruppenleiterin so verändert hat. Mit einer Wischbewegung von unten nach oben zeigt die Gruppenleiterin wieder ihr bekanntes Gesicht. Die Kinder versuchen nun, es ihr nachzutun.

2. Eigenschaften ‹scheinheilig› und ‹böse› mit Hilfe eines Spruchs in Mimik und Gestik umsetzen

Die Gruppenleiterin setzt ihr freundlichstes Gesicht auf und spricht: «Seht nur her und schaut mich an, wie ich richtig nett sein kann!» Gemeinsam wird zusammengetragen, mit welchem Gesichtsausdruck und welchen Gesten man eine freundliche Ausstrahlung hat. Im Kontrast dazu sagt die Gruppenleiterin plötzlich: «Reingelegt! Ich bin gemein, freundlich bin ich nur zum Schein!», und funkelt die Kinder böse an. Sie fordert die Kinder auf, auch ein böses Gesicht zu zeigen. Wenn manche Kinder Angst bekommen, kann man das böse Gesicht schnell wieder wegwischen (siehe Einstimmung 1).

‹Spruch der bösen Königin› **Text: Ulrike Meyerholz, Susi Reichle**

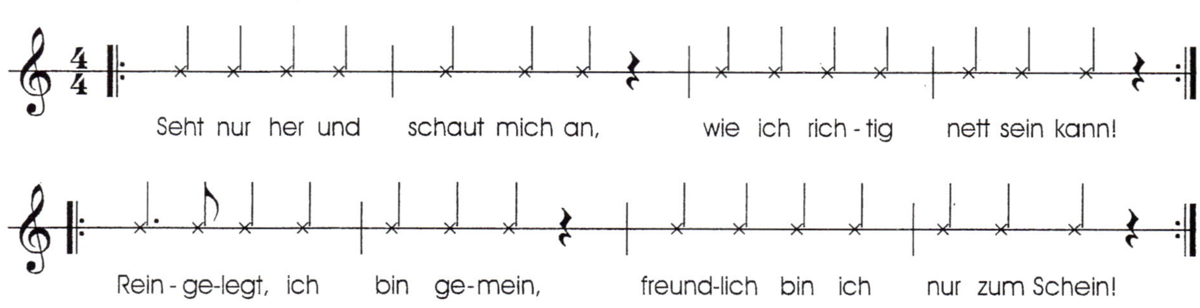

Melodie ‹Böse Königin› (CD, Track 10) **Musik: Bernd Sippel**

Form: 2 Takte Vorspiel

AA	BB	AA	BB	AA	BB	AA	Schluss
8 Takte	16 Takte	8 Takte	16 Takte	8 Takte	16 Takte	8 Takte	2 Takte

Bewegungsspiele mit Musik

1. Eigenschaften ‹scheinheilig› und ‹böse› in Fortbewegung umsetzen

A-A-Teile	B-B-Teile
Die Kinder schreiten vornehm aufrecht, mit den Händen hinter dem Rücken verschränkt, durch den Raum und lächeln scheinheilig, wenn sie anderen begegnen. Sie probieren noch andere Möglichkeiten aus, sich scheinheilig zu bewegen.	Die Kinder drücken durch Gesten, Grimassen und unterschiedlichste Bewegungen aus, wie die böse Königin ihr wahres Gesicht zeigt, gehässig schaut und ihre Krallen zeigt. Ausnahmsweise dürfen sie auch mal die Zunge rausstrecken.

… mit ein bisschen Üben

1. Wilder Tanz mit Halbmasken

Jedes Kind bekommt einen überdimensionalen Pappmund und hält ihn an einem Holzstäbchen vor sein Gesicht. Alle stehen im Kreis. Jedes Kind muss sich genau seinen Platz einprägen und wissen, wer sich vor ihm und wer sich hinter ihm befindet.

A-A-Teile	B-B-Teile
Sie schreiten im Kreis hintereinander. Um die Intensität des Körperausdrucks zu steigern, können die Kinder mit der Melodie des A-Teils zweimal «Seht nur her und schaut mich an, wie ich richtig nett sein kann» singen.	Ohne die Maske vor dem Gesicht tanzen die Kinder wild kreuz und quer, müssen sich aber gegen Ende des B-Teils wieder zu dem Platz im Kreis bewegen, den sie zum Ende des A-Teils innehatten. Dazu kann «Reingelegt! Ich bin gemein, freundlich bin ich nur zum Schein» gesungen werden.

Weiterführende Ideen

1. Im Rahmen der Auseinandersetzung mit dem Märchen ‹Schneewittchen› (s. S. 149) können die Bewegungsspiele aus diesem Ideenpaket integriert werden

Wenn sich die Kindergruppe mit dieser Märchenfigur spielerisch auseinander setzt, sind die Kinder eher bereit, die böse Königin im Märchenspiel darzustellen.

ZAUBERER

Ideenpaket ‹Zauberer› (CD, Track 11)

Einstimmung

1.	Magnetspiel mit Lotosflöte
2.	Fingerspiel: ‹Meine Hände können zaubern›
3.	Zauberspruch ‹Zanamo bra›

Bewegungsspiele mit Musik

	A-Teil	B-Teil
1.	Zauberspiel mit Formen	
	Ein Zauberer bestimmt verschiedene Formen.	Alle Kinder malen die gewünschten Formen in die Luft.
2.	Zauberspiel mit Tieren	
	Mit dem Zauberspruch holt der Zauberer bestimmte Tiere herbei.	Alle Kinder stellen die Tiere dar.
3.	Zauberspiel mit Bällen	
	Mit dem Zauberspruch holt der Zauberer Bälle herbei.	Der Zauberer macht Bewegungen mit Bällen vor; alle imitieren seine Bewegungen.

… mit ein bisschen Üben

	A-Teil	B-Teil
1.	Tanz mit magischen Kunststücken	
	Ein Zauberer beschwört Kinder mit seinem Zauber.	Die Kinder führen wie in Hypnose kleine akrobatische Sensationen aus.

Weiterführende Ideen

1.	‹Ong, dong dreoka›, Lied von Wilhelm Keller

Erläuterungen zum Ideenpaket ‹Zauberer› (CD, Track 11)

Charakter der Märchenfigur ‹Zauberer›

In den Grimm'schen Märchen kommen nicht allzu viele Zauberer vor. Im Märchen ‹Der gestiefelte Kater› kann sich der Zauberer in jedes Tier verwandeln und wohnt in einem prächtigen Schloss. Er ist nicht eindeutig gut und nicht eindeutig böse. In Illustrationen wird der Zauberer oft mit einem Sternenmantel und einem auffälligen Zaubererhut dargestellt. Der Zauberstab ist ein wichtiges Instrument für seine Zauberkünste. Schwarze Katzen und Raben ergänzen sein geheimnisvolles, etwas unheimliches Erscheinungsbild. In der spielerischen Begegnung mit dieser Märchenfigur erproben die Kinder die Kraft der eigenen Imagination und Fantasie. Das von der Gruppenleiterin vorsichtig kontrollierte Spiel mit der ‹Macht über andere› kann für ein schüchternes Kind eine wichtige Erfahrung sein: Es stärkt das Selbstbewusstsein, wenn die anderen Kinder tatsächlich das ausführen, was es sich ausgedacht hat. Die Zauberermusik auf der Begleit-CD (Track 11) erklingt im 6/8-Takt. Dieser Taktart begegnen die Kinder recht selten. Es ist wichtig, die Kinder über Klanggestenübungen und Textbausteine wie den Zaubererspruch von ‹Einstimmung 3› darauf vorzubereiten.

Einstimmung

1. Magnetspiel mit Lotosflöte

Die Gruppenleiterin stellt den Kindern die Lotosflöte vor, eine Kolbenflöte, die ein ‹zauberhaftes› Glissando auf- und abwärts erzeugen kann. Wenn das Glissando aufwärts erklingt, wird ein bestimmter Körperteil, den die Gruppenleiterin benennt, ‹magnetisch›. Ruft die Gruppenleiterin: «Rechter Ellenbogen!», ziehen sich alle rechten Ellenbogen der Kinder gegenseitig an, bis sie mit einem oder zwei anderen Ellenbogen Kontakt haben. Sie berühren sich so lange, bis die Gruppenleiterin ein Glissando abwärts spielt, die Ellenbogen ‹entmagnetisiert› werden und die Kinder den Kontakt zu den anderen lösen. Bevor die Gruppenleiterin den nächsten Körperteil magnetisch werden lässt, spielt sie z.B. auf einer Handtrommel Bewegungsbegleitungen, und die Kinder laufen, hüpfen oder gehen auf Zehenspitzen durch den Raum.

DA FÄNGT ES AN
ZU BLÜHEN

DU MUSST NUR
DREIMAL SCHRAUBEN

SCHON FLIEGEN
DA ZWEI TAUBEN

SCHON FÄNGT ES AN
ZU STINKEN

2. Fingerspiel: ‹Meine Hände können zaubern›

Die Gruppenleiterin leitet ruhig und ausdrucksstark das Fingerspiel an, und die Kinder machen sofort mit. Wichtig ist, darauf zu achten, dass sich Text und Aktion immer abwechseln und der Aktion genug Spielraum gelassen wird.

Meine Hände können zaubern	*(beide Hände seitlich erheben und die Finger leicht bewegen),*
deine Hände zaubern auch,	
patschen kräftig auf die Beine	*(alle patschen auf die Oberschenkel),*
reiben kreisend sanft den Bauch	*(jeder massiert sanft seinen Bauch mit kreisenden Bewegungen).*
Du musst nur dreimal blasen	*(dreimal auf die zu einer Kugel geformten Hände pusten),*
schon hoppeln da zwei Hasen	*(mit beiden Händen je einen Hasenkopf zeigen und auf und ab bewegen).*
Du musst nur dreimal sprühen	*(pantomimisch dreimal eine Sprühdose drücken),*
da fängt es an zu blühen	*(die rechte Hand umfasst die linke, die Finger der linken Hand wachsen aus der rechten und spreizen sich zu einer Fingerblüte).*
Du musst nur dreimal schrauben	*(die eine Hand schraubt dreimal etwas in die andere Hand),*
schon fliegen da zwei Tauben	*(mit beiden Händen flattern).*
Du musst nur dreimal drücken	*(die Spitzen vom linken Daumen, Mittelfinger und kleinen Finger mit dem rechten Zeigefinger drücken),*
schon kannst du Rosen pflücken	*(pantomimisch eine Rose pflücken und daran schnuppern)!*
Du musst nur dreimal winken	*(mit beiden Händen dreimal winken),*
schon fängt es an zu stinken	*(sich mit einem Daumen und einem Zeigefinger die Nase zuhalten).*
Du musst nur dreimal klatschen	*(alle klatschen dreimal in die Hände),*
schon hört man die Apatschen	*(zum Abschluss ertönt ein wildes Indianergeheul).*

(Text: Ulrike Meyerholz)

3. Zauberspruch ‹Zanamo bra›

Die Gruppenleiterin patscht im 6/8-Takt leicht auf die Oberschenkel und betont dabei den ersten und vierten Schlag. Dazu spricht oder singt sie leise und beschwörend die Zauberformel:

Zanamo bra, Zanamo sa, Zanamo schockalei
Zanamo bra, Zanamo sa, Regen komm herbei!

(Text: Susi Reichle und Ulrike Meyerholz)

Ein kräftiger Regen wird durch freimetrisch getrommeltes Patschen auf die Oberschenkel dargestellt. In weiteren Durchgängen der Zauberformel kann die ganze Palette der Wetterkapriolen eingesetzt werden, z.B. bei « … Donner, komm herbei!» kann man kräftig anhaltend stampfen und patschen. Tanzende Schneeflocken und wärmende Sonnenstrahlen werden hervorgezaubert. Auch andere Bewegungsformen, die gut mit den Händen darzustellen sind, wie z.B. «… Welle, komm herbei!» eignen sich für diesen Spruch: Die Hände werden gefaltet und führen schlängelnde Wellenbewegungen aus.

Melodie ‹Zauberer› (CD, Track 11) **Musik: Bernd Sippel**

Form
Vorspiel: 4 Takte

A	B	A	B	A	B	A	B
8 Takte	8 Takte	8 Takte	8 Takte	8 Takte	8 Takte	8 Takte	8 Takte

Bewegungsspiele mit Musik

1. Zauberspiel mit Formen

Der Zauberspruch ‹Zanamo bra› aus Einstimmung 3 greift die Melodie des A-Teils der Zauberermusik (CD, Track 11) auf.

‹Zanamo bra› **Musik: Bernd Sippel, Text: Ulrike Meyerholz, Susi Reichle**

A-Teil	B-Teil
Die Gruppenleiterin spielt den Zauberer, singt den Zauberspruch, lässt ihre Hände magisch tanzen und setzt in die letzte Zeile verschiedene Formen ein, z.B. « … Achter, kommt herbei!». In den nächsten A-Teilen können Kreise, Spiralen, Dreiecke, Vierecke, Sterne usw. genannt werden. Während die Gruppenleiterin singt, wiegen sich die Kinder im 6/8-Takt hin und her.	Die Kinder malen die gewünschten Formen mit dem Zeigefinger in die Luft. Variation: Jedes Kind hat einen Rundstab mit Stoff- oder Krepppapierbändern und zaubert die Formen in die Luft.

2. Zauberspiel mit Tieren

A-Teil	B-Teil
Die Gruppenleiterin singt den Zauberspruch ‹Zanamo bra› (s. Einstimmung 3) und setzt Tiere ein, die von den Kindern gut dargestellt werden können, z.B. «… Frösche, kommt herbei!».	Die Kinder stellen die entsprechenden Tiere dar. Sie lieben es, Katzen, Pferde, Schweine, Hasen, Affen und Vögel zu spielen.

Wenn die Kinder dieses Spiel schon gut kennen, kann auch ein Kind die Rolle des Zauberers übernehmen.

... BÄLLE KOMMT HERBEI

3. Zauberspiel mit Bällen

A-Teil	B-Teil
Die Gruppenleiterin als Zauberer singt den Zauberspruch (s. Einstimmung 3), hält dabei ihren Ball hinter ihrem Rücken versteckt und ergänzt das Lied mit «... Bälle, kommt herbei!».	Der Zauberer macht einfache, sich wiederholende Bewegungen mit dem Ball vor, die Kinder machen direkt mit. Kurz vor Ende des B-Teils gibt der Assistent des Zauberers ein Signal mit einem Beckenschlag und die Kinder lassen ihre Bälle hinter ihren Rücken verschwinden.

Auch hier kann ein Kind die Rolle des Zauberers übernehmen, wenn die Kinder die Musikteile schon gut erkennen und ihnen die Spielregeln klar sind.

… mit ein bisschen Üben

1. Tanz mit magischen Kunststücken

A-Teil	B-Teil
Ein Zauberer mit einem Sternenumhang macht magische Bewegungen. Die übrigen Kinder bewegen sich wie in Trance mit 16 steifen Schritten. Sie gehen mit durchgedrückten Knien in eine den B-Teil vorbereitende Raumposition.	Akrobatische Sensationen werden gezeigt, z.B. in der ersten Strophe ‹Flieger›, in der zweiten ‹Toter Mann› usw. ‹Förderband›, ‹Doppelrolle›, ‹Pyramide› und ‹Sitzkreis› eignen sich ebenso.

Für Kindergartenkinder sucht man entsprechende Kunststücke aus, die sie bewältigen können, z.B. Purzelbäume, Rad schlagen, Schubkarre, Mühle und Wippe.

Weiterführende Ideen

1. ‹Ong, dong dreoka›, Lied von Wilhelm Keller

Die Beschwörungsformel mit den geheimnisvollen Nonsenssilben mögen die Kinder sehr. Die Melodie bewegt sich auschliesslich in D-Moll und kann mit Klangbausteinen, Stabspielen und kleinem Schlagwerk effektvoll begleitet werden.

‹Ong, dong dreoka› **Musik/Text: Wilhelm Keller**

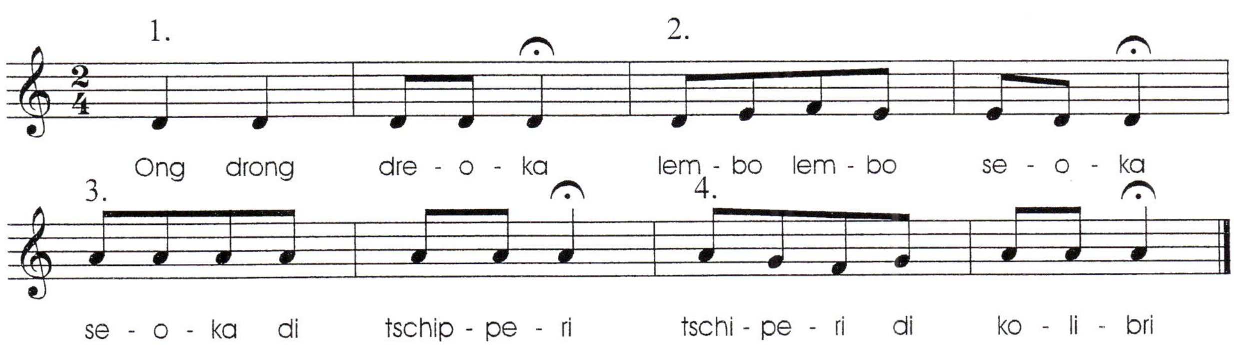

ZWERGE

Ideenpaket ‹Zwerge› (CD, Track 12)

Einstimmung

1.	Fingerspiel für Kindergartenkinder: ‹Das ist ein Zwergenhaus›
2.	Reaktionsspiel mit besonderen Eigenschaften von Zwergen
3.	Ein besonderer Zwergenschritt wird geübt.

Bewegungsspiele mit Musik

	A, A'-Teil	B, B'-Teil
1.	Die Zwerge sind im Bergwerk und klopfen Edelsteine aus dem Gestein.	
	Die Zwerge klopfen im Rhythmus.	Sie schleppen Edelsteine in einem imaginären Sack.
2.	Die Kinder stellen Zwerge mit Schubkarren dar.	
	Die Zwerge hämmern im Rhythmus und laden imaginäre Edelsteine auf die ‹Schubkarrenkinder›.	Die Zwerge schieben die Schubkarren eine kurze Strecke und entleeren sie.

… mit ein bisschen Üben

1.	Tanz: ‹Fröhlicher Nachhauseweg›

Weiterführende Ideen

1.	Ideen aus diesem Kapitel und besonders ‹…mit ein bisschen Üben 1› werden in das Märchen ‹Schneewittchen› (s. S. 149) integriert.
2.	Fangenspiel ‹Die Zwerge und der Drache› (CD, Track 13)

DAS IST EIN ZWERGENHAUS.

ZWEI ZWERGE SCHAU'N ZUM FENSTER RAUS.

DAS IST EIN ZWERGENKLO.

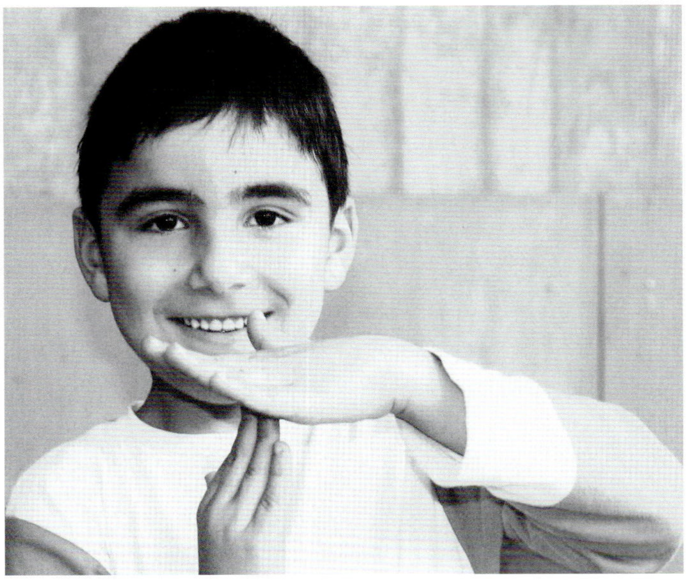

EIN ZWERGENTISCH GEHT SO.

ZEHN ZWERGE GEH'N IM WALD SPAZIEREN....

DER DÄUMLING KRIEGT NOCH EINEN KUSS...

Erläuterungen zum Ideenpaket ‹Zwerge› (CD, Track 12)

Charakter der Märchenfigur ‹Zwerge›

Zwerge sind klein von Gestalt, kleiner als der Mensch. Sie leben überwiegend in einem eigenen unterirdischen Reich, tief im Innern der Berge. Zwerge zeigen sich selten den Menschen und haben in der menschlichen Welt ihre geheimen Eingänge zu ihrem Zwergenreich. Sie behüten die Schätze der Erde, besonders Edelsteine, Gold und Silber. Sie können dem Menschen hilfreich sein, ihn aber auch ins Unglück stürzen, wenn sie merken, dass er habgierig ist. Zwerge sind meistens listig, sie haben Zauberkräfte zum Guten wie zum Bösen. Den Kindern sind sie allein durch ihre Grösse sympathisch. Der Perspektive der Kinder auf die Erwachsenenwelt entspricht die der Zwerge auf die Welt der Menschen.

Einstimmung

1. Fingerspiel für Kindergartenkinder: ‹Das ist ein Zwergenhaus›

Die Gruppenleiterin berichtet den Kindern, wie klein alles bei den Zwergen ist. Sie stellt ihnen das Fingerspiel vor und fordert die Kinder auf, gleich mitzumachen. Die Kinder auf den Fotos zeigen, wie die einzelnen Stationen mit den Händen dargestellt werden:

Das ist ein Zwergenhaus.
Zwei Zwerge schau'n zum Fenster raus.
Das ist ein Zwergenklo.
Ein Zwergentisch geht so.

Zehn Zwerge geh'n im Wald spazieren,
wollen Neues ausprobieren:
zappeln, winken, ganz doll recken,
nacheinander sich verstecken.
Jetzt müssen sie ganz schnell nach Haus,
zwei Zwerge schau'n zum Fenster raus.

Der Däumling kriegt noch einen Kuss –
doch dann ist wirklich Schluss!
Zehn Zwerge müssen schlafen geh'n.
Gute Nacht, auf Wiederseh'n.

(Text: Ulrike Meyerholz)

2. Reaktionsspiel mit besonderen Eigenschaften von Zwergen

Die Gruppenleiterin leitet ein Gespräch über Zwerge an. Gemeinsam mit den Kindern werden charakteristische Eigenschaften von Zwergen zusammengetragen, und es wird überlegt, wie sie dargestellt werden können, z.B. ‹klein› – sich niederhocken, ‹stark› – drei Liegestütze ausführen, ‹Edelsteine klopfen› – mit den Fäusten rhythmisch auf den Boden klopfen usw. Die Kinder laufen danach zu einer Trommelbegleitung kreuz und quer durch den Raum. Stoppt die Trommel, verharren die Kinder. Die Gruppenleiterin ruft den Kindern ein verabredetes Reizwort zu und die Kinder führen die entsprechenden Bewegungen aus.

3. Ein besonderer Zwergenschritt wird geübt

Wenn die Zwerge nach einem schweren Arbeitstag im Berg nach Hause gehen und vielleicht besonders gut gelaunt sind, machen sie eine lustige Schrittfolge. Die Gruppenleiterin zeigt den Kindern die Schritte und unterstützt sie dabei mit einer Trommelbegleitung, erst langsam und dann immer beschwingter, wenn den Kindern der Ablauf klar ist: Zum ersten Trommelschlag wird die rechte Ferse vorne schräg aufgestellt und man geht dabei in die Knie. Beim nächsten Trommelschlag geht man wiederum mit dem rechten Fuss einen Schritt vorwärts. Beim dritten Trommelschlag wird die linke Ferse tiefbetont aufgesetzt und mit dem vierten Schlag geht der linke Fuss einen Schritt vorwärts. Ein Bassschlag auf der Handtrommel unterstützt das tiefbetonte Ferseaufsetzen, ein Schlag am Rand der Handtrommel den Schritt vorwärts.

Melodie ‹Zwerge› (CD, Track 12) **Musik: Bernd Sippel**

Form
Vorspiel: 2 Takte

AA'	BB'	AA'	BB'	AA'	BB'	AA'
8 Takte	8 Takte	8 Takte	8 Takte	8 Takte	8 Takte	8 Takte

Bewegungsspiele mit Musik

1. Die Zwerge sind im Bergwerk und klopfen Edelsteine aus dem Gestein

Jedes Kind sucht sich einen Platz im Bergwerk.

A, A'-Teile	B, B'-Teile
Die Kinder legen eine Faust auf den Boden und klopfen im Rhythmus der Musik mit der anderen Faust darauf. Dies wird im A'-Teil wiederholt.	Die Zwerge schleppen mit gebeugtem Rücken die imaginären Säckchen mit den Edelsteinen weiter und suchen sich eine neue gute Stelle im ‹Fels› bzw. im Raum.

2. Die Kinder stellen Zwerge mit Schubkarren dar

Zwei Kinder gehen zusammen. Ein Kind spielt den Zwerg, der fleissig Edelsteine klopft. Das andere Kind stellt eine Schubkarre im Vierfüsslerstand dar.

A, A'-Teile	B, B'-Teile
Das Zwergenkind klopft pantomimisch Edelsteine und das Schubkarrenkind wartet während des A-A'-Teils neben dem Zwergenkind. Der Zwerg nimmt gegen Ende des A-Teils und nochmal gegen Ende des A'-Teils pantomimisch eine Hand voll Edelsteine und legt sie auf den Rücken des Schubkarrenkindes.	Das Zwergenkind packt die Schubkarre an beiden Beinen in Kniehöhe und legt mit ihr eine Wegstrecke zurück, um die nächste gute Edelsteinstelle zu finden. Gegen Ende des B'-Teils wird die Schubkarre abgesetzt. Zum Ende des Stücks werden alle Schubkarren an einer verabredeten Stelle ausgekippt, wenn möglich mit Begleitung eines Regenmachers, den die Gruppenleiterin spielt.

… mit ein bisschen Üben

1. Tanz ‹Fröhlicher Nachhauseweg›

Die Zwerge sind mit der Arbeit fertig und gehen frohen Mutes im Gänsemarsch nach Hause.

A, A'-Teile	B, B'-Teile
Sie führen 11 lockere Gehschritte aus, schliessen einen Anstellschritt an und klatschen dreimal abschliessend in die Hände. Im A'-Teil wird dies noch einmal wiederholt.	Es geht weiter im Gänsemarsch mit dem Zwergenschritt aus Einstimmung 3: Mit 4 Zwergenschritten gehen die Kinder vorwärts und schliessen mit 8 Stampfschritten eine ganze Drehung am Platz rechtsherum an. Im B'-Teil werden die Bewegungen des B-Teils wiederholt.

Weiterführende Ideen

1. Ideen aus diesem Kapitel und besonders ‹… mit ein bisschen Üben 1› in das Märchen ‹Schneewittchen› (s. S. 149) integrieren

Die Zwerge nehmen Schneewittchen in grösster Not bei sich auf und versuchen, es vor der bösen Königin zu schützen. Es sind freundliche Zwerge und sie werden von den Kindern beim Erzählen der Geschichte sofort ins Herz geschlossen. Sie motivieren die Kinder, sich intensiv mit dem Thema ‹Zwerge› in Musik und Bewegung zu beschäftigen.

2. Fangenspiel ‹Die Zwerge und der Drache› (CD, Track 13)

Bernd Sippel hat diese Musik extra für dieses Fangenspiel komponiert und der Dynamik des Spiels angepasst: Ein Kind ist der Drache und wohnt in einer Drachenhöhle (=Turnmatte). Die anderen Kinder sind Zwerge. Jeder Zwerg hat ein Haus, entweder durch eine Teppichbodenfliese oder einen Gymnastikreifen dargestellt.

Form: 1 Takt Vorspiel, A und B langsames Tempo, C schnelleres Tempo

A	B	C	A	B	C	A	B	C	A	B	C
8 Takte	4 Takte	8 Takte	8 Takte	4 Takte	8 Takte	8 Takte	4 Takte	8 Takte	8 Take	4 Takte	8 Takte

A-Teil	BC-Teil
Der Drache tapst von seiner Matte weg und versucht, Zwerge, die nicht in ihrem Zwergenhaus sind, zu fangen. Fängt der Drache einen Zwerg, wird dieser auch ein Drache. Gegen Ende des A-Teils muss der Drache auf die Matte zurückkehren.	Der Drache schläft in seiner Höhle. Alle Zwerge tanzen aus ihren Häusern heraus. Die Musik hält plötzlich inne und die Zwerge sollen versuchen, ebenfalls in ihren Bewegungen zu verharren. Dadurch erhöht sich die Spannung. Danach hüpfen die Zwerge um die Drachenhöhle herum. In der Musik ist zu hören, dass der Drache plötzlich aufwacht. In diesem Moment reckt sich das Drachenkind und kann einen zu frechen Zwerg, den es von seiner Matte aus erwischen kann, fangen. Dieser wird auch ein Drache.

Es ist wichtig, die Musik mit den Kindern vor dem Spiel in Ruhe anzuhören und den Spielverlauf zu erklären, da die Kinder beim Spielen gut auf die Impulse, die die Musik gibt, hören müssen. Die Kinder verfolgen die Dynamik des Spiels konzentrierter und das Fangenspiel wird nicht zu wild und zu laut.

RiESEN
UND ZWERGE

Ideenpaket ‹Riesen und Zwerge› (CD, Track 14)

Einstimmung

1.	Reaktionsspiel ‹Grosse Schritte – kleine Schritte›
2.	Bewegungsgedicht über den Gegensatz ‹klein – gross›
3.	Fingerspiel ‹In dem kleinen Zwergenhaus›
4.	Reaktionsspiel ‹Willi Winzig und Rudi Riesig›

Bewegungsspiele mit Musik

	A-Teil	B-Teil
1.	Reaktionsspiel ‹Zwergenschritte – Riesenschritte›	
	Alle tippeln durch den Raum.	Alle stampfen mit grossen, schweren Schritten.
2.	Freche Zwerge ärgern die Riesen	
	Die Zwerge necken den Riesen.	Der Riese versucht, die Zwerge zu fangen.
3.	Im Zauberwald (vier verschiedene Bewegungsfelder)	
	Verabredete Bewegungen werden klein ausgeführt.	Verabredete Bewegungen werden gross ausgeführt.

… mit ein bisschen Üben

	A-Teil	B-Teil
1.	Bewegungsspiel mit einem Innen- und einem Aussenkreis	
	Die Kinder bewegen sich im Innenkreis.	Die Kinder bewegen sich im Aussenkreis.
2.	Tupfen- und Reifenspiel	
	Die Kinder bewegen sich auf den Tupfen.	Die Kinder tanzen von Reifen zu Reifen.

Weiterführende Ideen

1.	Das Märchen vom tapferen Schneiderlein

Erläuterungen zum Ideenpaket ‹Riesen und Zwerge› (CD, Track 14)

Charakter der Märchenfigur ‹Riese›

Ein Riese wird trotz seiner grossen Gestalt sehr oft als dümmlich dargestellt, als ob seine übermenschlichen Kräfte nur im Körper, aber nicht im Kopf vorhanden wären. Er wird von den Menschen zu Hilfe gerufen, wenn seine Riesenkräfte gebraucht werden. Die Menschen haben aber auch Angst vor Riesen, denn sie sind nicht nur hilfreich, sondern können durch ihre Kräfte auch Übles bewirken. Der Mensch kann sich nur wehren, indem er die Riesen übertölpelt. Riesen bekämpfen sich auch gegenseitig. Aus der Perspektive der Kinder sind schon Erwachsene Riesen und es ist für sie oft gar nicht leicht, sich in dieser Riesenwelt zurechtzufinden. Riesenstühle müssen erst erklommen werden, wenn sie an Riesentischen etwas essen wollen. Kinder fühlen sich manchen Erwachsenen gegenüber zwergenklein. Es ist tröstlich für sie, wenn etwas noch kleiner ist. Dieses Kapitel lebt von der Spannung zwischen klein und gross. Dabei wird die Bewegungsgeschicklichkeit der Kinder gefördert.

Einstimmung

1. Reaktionsspiel ‹Grosse Schritte – kleine Schritte›

Ein Instrumentenpaar, z.B. Fingerzimbel/Becken oder kleine Handtrommel/grosse Handtrommel, stellt den Gegensatz klein – gross dar. Die Kinder reagieren mit grossen oder kleinen Schritten auf das Instrumentalspiel der Gruppenleiterin.

2. Bewegungsgedicht über den Gegensatz ‹klein – gross›

Die Gruppenleiterin fragt die Kinder nach kleinen und grossen Dingen. Die Kinder stehen im Kreis und recken sich entsprechend der Gedichtzeile in die Höhe oder hocken sich geduckt auf den Boden.

‹Klein – gross›	**Schweizerdeutsche Version ‹Chly – gross›**
Klein wie ein Regenwurm, gross wie ein hoher Turm,	Chly wien e Rägewurm, gross wien e höche Turm,
klein wie ’ne graue Maus, gross wie ein Riesenhaus,	chly wien e graui Muus, gross wien es Riesehuus,
klein wie ein Wurzelzwerg, gross wie ein steiler Berg,	chly wien e Wurzelzwärg, gross wien e steile Bärg,
klein wie ein frecher Floh, gross wie ein Bär im Zoo,	chly wien e fräche Floh, gross wien e Bär im Zoo,
klein wie ein Babyschuh, gross wie ’ne stolze Kuh,	chly wien e Babyschue, gross wien e stolzi Chue,
klein wie ein Glitzerstein – jetzt fällt mir nix mehr ein!	chly wien e Stai im Chiis, gross wien e starke Riis,
	chly wien e Zwärglischy – jetz fallt mer nüt me y!
(Text: Susi Reichle, Ulrike Meyerholz)	(Text: Susi Reichle)

... SIEHT ALLES RICHTIG WINZIG AUS

... STÜHLCHEN ...

... KÜCHENSCHRÄNKCHEN ...

... TELLERCHEN ...

... UND GLÄSCHEN ...

... FÜR DAS ZWERGENNÄSCHEN.

3. Fingerspiel ‹In dem kleinen Zwergenhaus›

Die Welt der Zwerge wird nur mit den Händen dargestellt, während Gegenstände aus der Riesenwelt mit dem ganzen Körper gespielt werden. Das Spiel regt die Kinder an, nach weiteren Zwergen- und Riesenobjekten zu suchen und sie zu zeigen.

In dem kleinen Zwergenhaus
sieht alles richtig winzig aus:
Stühlchen, Tischchen, Küchenschränkchen
und ein warmes Ofenbänkchen,

Tellerchen und Gläschen
und hübsche Blumenväschen,
klitzekleine Taschentücher
für das Zwergennäschen.

... RIESENLÖFFEL ...

... RIESENTASSEN ...

... RIESENTELLER ...

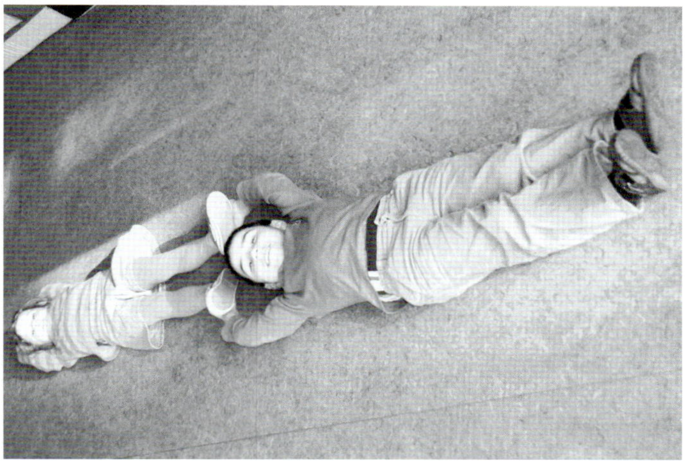

... RIESENMESSER ...

Dazu im Kontrast Riesengegenstände mit dem Körper darstellen:

In dem grossen Riesenhaus
sieht alles richtig riesig aus:
Riesenlöffel,

Ein Kind liegt lang auf dem Boden und bildet mit den Armen eine runde Löffelform.

Riesentassen,

Zwei Kinder formen zu zweit eine Riesentasse, indem sie sich gegenüberstehen und mit den Armen eine runde Form bilden.

in die gleich zwölf Liter passen.

Riesenteller,

Zwei Kinder legen sich zu einem Kreis auf den Boden.

Riesenmesser,
Riesen sind recht gute Esser!

Ein Kind legt sich lang auf den Boden.

(Text: Ulrike Meyerholz)

4. Reaktionsspiel ‹Willi Winzig und Rudi Riesig›

Alle gehen kreuz und quer durch den Raum. Die Gruppenleiterin ruft den Kindern: «Willi Winzig sagt ‹Gehen!›» zu und alle gehen mit kleinen Zwergenschritten. Ruft die Gruppenleiterin: «Rudi Riesig sagt ‹Hüpfen!›», dann hüpfen alle, so hoch sie können. Haben die Kinder die Spielregeln verstanden und einige Beispiele kennen gelernt, gibt die Gruppenleiterin das Kommando an ein Kind ab.

Melodie ‹Riesen und Zwerge› (CD, Track 14) **Musik: Bernd Sippel**

Form

Vorspiel: 2 Takte

A	B	A	B	A	B	A	B	Schluss
10 Takte	8 Takte	10 Takte	8 Takte	10 Takte	8 Takte	10 Takte	8 Takte	1 Takt A

Bewegungsspiele mit Musik

1. Reaktionsspiel ‹Zwergenschritte – Riesenschritte›

Alle Kinder spitzen gut die Ohren und hören genau, wann die Zwergen- und wann die Riesenschritte in der Musik zu hören sind.

A-Teil	B-Teil
Zur Musik passen kleine, schnelle Schrittchen im Tempo der Sechzehntel oder langsamere, kleine Schritte im Tempo der Achtel.	Die mächtige Riesenmusik lässt den Kindern Siebenmeilenstiefel wachsen und sie mit grossen Schritten kreuz und quer durch den Raum stapfen.

Variation: Dieses Spiel kann auch in zwei Gruppen durchgeführt werden, einer Zwergen- und einer Riesengruppe. Wenn die Riesenmusik im B-Teil erklingt, verstecken sich die Zwerge blitzschnell.

2. Bewegungsspiel ‹Freche Zwerge ärgern die Riesen›

Die Zwerge wohnen auf einer Langbank o.Ä. an einer Längsseite des Raumes oder unter Stühlen. Der Riese, es können auch mehrere sein, wohnt in einem Gymnastikreifen an der gegenüberliegenden Seite.

A-Teil	B-Teil
Die Zwerge tanzen im ganzen Raum, necken den Riesen, der mit einem Bein im Gymnastikreifen bleiben muss, der aber versucht, Zwerge mit den Händen zu fangen. Hat er einen erwischt, verwandelt sich der Zwerg in einen Riesen und stellt sich mit ihm in den Reifen.	Die Zwerge sind zwar in ihrem Zwergenhaus sicher, doch der Riese kommt aus seinem Haus heraus, stapft Richtung Zwergenhaus und versucht, die Zwerge durch seine grossen, drohenden Bewegungen einzuschüchtern. Freche Zwerge, die sich aus dem Haus trauen und den Riesen necken, können von ihm gefangen werden. Zum Ende des B-Teils muss er wieder in seinen Reifen zurück.

3. Im Zauberwald

Der Raum wird mit Tesa-Krepp in 4 Felder unterteilt. Jedem Feld wird eine Bewegungsart zugeordnet, z.B. dem ersten Feld ‹Drehen›, dem zweiten Feld ‹Rückwärtsgehen›, dem dritten Feld ‹Hüpfen› und dem vierten Feld ‹freies Bewegen›. Die Kinder suchen sich ein Feld aus, in dem sie starten können. Die Felder können beliebig gewechselt werden.

A-Teil	B-Teil
Es werden alle Bewegungen klein ausgeführt, unabhängig davon, in welchem Feld man sich gerade befindet.	Alle Bewegungen werden gross ausgeführt.

Es hilft den Kindern, wenn man an die Ränder der Felder ein Symbol für die Bewegungen, z.B. einen Kreisel für das Drehen, einen Flummiball für das Hüpffeld und ein Vögelchen für das freie Bewegen, legt.

TUPFEN- UND REIFENSPIELE

… mit ein bisschen Üben

1. Bewegungsspiel mit einem Innen- und einem Aussenkreis

Es werden ein Innenkreis mit Tupfen (Kreise aus rutschfestem Material wie z.B. Wachstuchdecken) und ein Aussenkreis mit Reifen gelegt. Es müssen ca. 20 % mehr Reifen und Tupfen als Kinder zur Verfügung stehen, damit die Kinder genügend Spielraum haben.

A-Teil	B-Teil
Die Kinder bewegen sich im Innenkreis von Tupfen zu Tupfen.	Die Kinder schreiten im Aussenkreis von Reifen zu Reifen.

2. Tupfen- und Reifenspiel

Tupfen und Reifen liegen grosszügig verteilt im Raum. Einige Reifen und Tupfen müssen so nah beieinander liegen, dass die Kinder sich von Tupfen zu Tupfen oder von Reifen zu Reifen bewegen können.

A-Teil	B-Teil
Die Kinder bewegen sich auf den Tupfen oder von Tupfen zu Tupfen.	Die Kinder tanzen in den Reifen oder schreiten von Reifen zu Reifen.

Weiterführende Ideen

1. Das Märchen vom tapferen Schneiderlein

Es ist für die Kinder höchst vergnüglich, wie das schmächtige Schneiderlein die beiden starken Riesen überlistet. Die Geschichte tröstet sehr, wenn man als Kind Erfahrungen der Ohnmacht in der Welt der Erwachsenen machen musste, z.B. den Fahrstuhlknopf nicht erreicht hat oder im Bus beim Einsteigen weggedrängt worden ist.

GLEICH HEBT DER TEPPICH AB!

Ideenpaket ‹Fliegender Teppich› (CD, Track 15 und 16)

Einstimmung

1.	Konzentriertes Hören der Musik (CD, Track 16, kurze Version)

Bewegungsspiele mit Musik (CD, Track 15)

	A	B	A	C	A	D	A	E	A
1.	Reaktionsspiel mit Reifen								
	Im Reifen stehen	Auf Zehenspitzen tippeln	Im Reifen stehen	Grosse Schritte	Im Reifen stehen	Galoppieren	Im Reifen stehen	Hüpfen	Im Reifen stehen

… mit ein bisschen Üben (CD, Track 15)

	A	B	A	C	A	D	A	E	A
1.	Die Reise mit dem fliegenden Teppich								
	Alle auf einem Teppich	Im Hexenwald	Alle auf einem Teppich	Im Räuberwald	Alle auf einem Teppich	Alle reiten mit dem Prinzen.	Alle auf einem Teppich	Auf dem grossen Fest	Alle auf einem Teppich

Weiterführende Ideen

1.	Einstimmung in ein Märchen aus ‹1001 Nacht›
2.	Der fliegende Teppich (Kurzversion CD, Track 16) bringt die Kinder mitten in ihr Lieblingsmärchen.

Erläuterungen zum Ideenpaket ‹Fliegender Teppich›

Einstimmung

1. Konzentriertes Hören der Musik (CD, Track 16, kurze Version)

Die Gruppenleiterin spielt den Kindern die Musik vor, auf der nur der A-Teil der langen Version mit dem orientalischen Motiv zu hören ist. Sie fragt, aus welchem Land diese Musik kommen könnte. Vielleicht kennen die Kinder auch ein Märchen, zu dem die Musik gut passt, und haben eine Idee, welche Bewegungen man dazu machen könnte.

Melodie ‹Fliegender Teppich› (CD, Track 15 und 16) **Musik: Bernd Sippel**

Form: A = 2 Takte Rhythmus, 4 Takte Melodie, 2 Takte Rhythmus, Gong mit kleiner Pause

A	B	A	C	A	D	A	E	A
8 Takte +Gong	8 Takte	8 Takte +Gong	8 Takte	8 Takte +Gong	8 Takte	8 Takte +Gong	8 Takte	8 Takte +Gong

Im B-Teil ist der zweite Teil der Hexenmusik (vgl. CD, Track 5), im C-Teil ein Teil der Räubermusik (vgl. CD, Track 1) zu hören. Im D-Teil erkennt man die Musik von ‹Prinz zu Pferd› (vgl. CD, Track 7) und im E-Teil den ‹Lustigen Tanz› (vgl. CD, Track 22) wieder.

Bewegungsspiele mit Musik zur CD, Track 15

1. Reaktionsspiel mit Reifen

Alle Kinder haben einen Reifen und stehen gleichmässig verteilt im Raum. Zu den unterschiedlichen Teilen der Musik stellt die Gruppenleiterin verschiedene Bewegungsaufgaben zu Grundbewegungsarten. Zu jedem A-Teil kehren die Kinder zu ihrem Reifen zurück.

A-Teil	B-Teil	C-Teil	D-Teil	E-Teil
Die Kinder versuchen, auf einem Bein in dem Reifen zu stehen.	Sie verlassen den Reifen und tippeln auf Zehenspitzen.	Mit grossen Schritten geht es durch den Raum.	Die Kinder galoppieren.	Sie hüpfen durch den Raum.

...mit ein bisschen Üben

1. Die Reise mit dem fliegenden Teppich

Alle Kinder stehen auf einer Turnmatte, die den fliegenden Teppich darstellt. Die Gruppenleiterin erzählt den Kindern, dass der Teppich nur fliegen kann, wenn alle Kinder auf einem Bein mit angewinkeltem Spielbein stehen und die Hände hoch über dem Kopf verschränkt halten, wie eine orientalische Tempeltänzerin. So werden spielerisch die Balance und die Standfestigkeit gefordert und gefördert. Durch die Rondo-Form kommt der A-Teil immer wieder und der Teppich nimmt alle mit zum nächsten Abenteuer.

A-Teil	B-Teil	C-Teil	D-Teil	E-Teil
Alle stehen auf dem ‹fliegenden Teppich› und sind gespannt, wohin die Reise geht. Gegen Ende des A-Teils, wenn nur noch die Trommel spielt, wird die Landung dargestellt: Die Hände werden in einem sanften Bogen vom Kopf weg über die seitliche Armhalte geführt. Die Bewegung mündet zum Beckenschlag in ein ‹Augenbeschatten› mit beiden Händen ein, man schaut umher, orientiert sich, wo man mit dem Teppich gelandet ist.	Der Teppich landet im Hexenwald und die Kinder reiten eine Runde auf einem imaginären Hexenbesen. Zum Ende des B-Teils versammeln sich alle wieder auf der Turnmatte.	Im Räuberwald gelandet, schleichen die Kinder durch das Unterholz. Bevor sie den Räubern zu nahe kommen, kehren alle schnell zum Teppich zurück.	Stolze Prinzen und Prinzessinnen reiten zum Schloss. Alle reiten mit und achten darauf, gegen Ende des D-Teils wieder auf dem Teppich zu sein.	Alle fassen sich an den Händen und tanzen im Seitgalopp um den Teppich herum, denn der Teppich ist während eines Schlossfestes im grossen Festsaal gelandet.

Das Stück endet mit einem letzten A-Teil. Alle schauen sich um und stellen fest, dass sie wieder zu Hause gelandet sind.

Weiterführende Ideen

1. Einstimmung in ein Märchen aus ‹1001 Nacht›

Die Kinder kuscheln sich bequem in eine Kissenlandschaft. Die Musik (CD, Track 16, Kurzversion) stimmt die Kinder in ein Märchen aus ‹1001 Nacht› ein, das die Gruppenleiterin anschliessend vorliest oder frei erzählt.

2. Der fliegende Teppich (Kurzversion, CD, Track 16) bringt die Kinder mitten in ihr Lieblingsmärchen

Mit der Kurzversion können die Kinder zur Einstimmung mit dem Teppich in ein gewünschtes Märchenszenario fliegen und dort mit Instrumentalbegleitung der Gruppenleiterin Bewegungserfahrungen sammeln.

Ideenpaket ‹Dornenhecke – Rosenpracht› (CD, Track 17 und 18)

Einstimmung

1.	Betrachten einer echten Rose
2.	Erblühen einer Chiffontuchblume
3.	Runde und spitze Gegenstände im Raum finden
4.	Gedicht ‹Rund und spitz›
5.	Fühlrätsel
6.	Runde und spitze Formen mit einem Metermass und einem Seil legen

Bewegungsspiele mit Musik (CD, Track 17, Version mit vier A- und B-Teilen)

	A-Teil	B-Teil
1.	Kreisspiel mit Zauberschnur oder Gummiband	
	Eckige und spitze Formen und Bewegungen mit der Zauberschnur bilden	Fliessende runde Formen und Bewegungen mit der Zauberschnur bilden
2.	Zu zweit mit einem Gummiband	
	Paarweise eckige und spitze Formen und Bewegungen mit dem Gummiband bilden	Paarweise runde Formen und Bewegungen mit dem Gummiband ausführen
3.	Reaktionsspiel: ‹Mit Metermass und Seil Formen legen›	
	Verschiedene eckige und spitze Formen mit dem Metermass bilden	Runde und kurvige Formen mit dem Seil auf den Boden legen

… mit ein bisschen Üben (CD, Track 18, Version mit einem A- und B-Teil)

	A –Teil	B-Teil
1.	Tanz ‹Dornenhecke – Rosenpracht› im Märchenspiel ‹Dornröschen› (s. S.123)	
	Die Kinder wachsen langsam mit spitzen Bewegungen von der Hocke bis zum Stand.	Die Kinder lassen die Rosen der Dornenhecke erblühen.

Weiterführende Ideen

1.	Integration der Bewegungsidee ‹Dornenhecke – Rosenpracht› in das Märchenspiel ‹Schneewittchen› (s. S. 149)

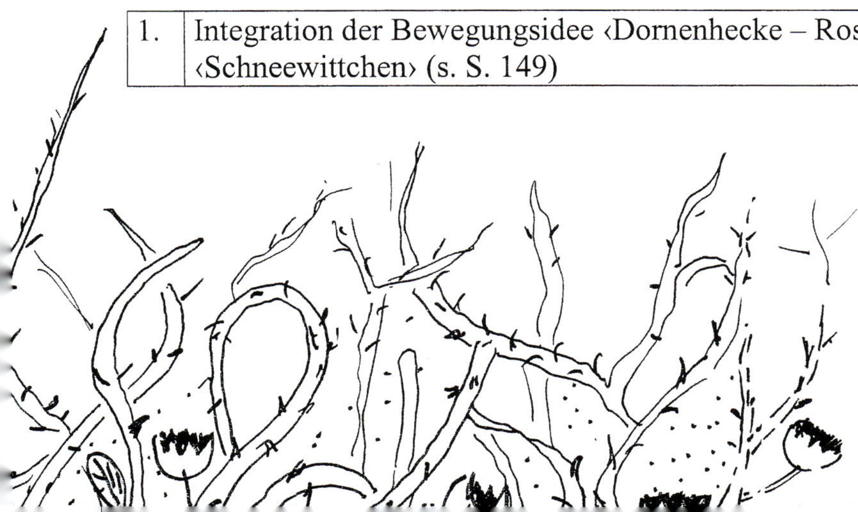

Erläuterungen zum Ideenpaket ‹Dornenhecke – Rosenpracht› (CD, Track 17 und 18)

Zwei Kontraste stehen sich hier gegenüber: auf der einen Seite das Abweisende, Dornige, gefährlich Spitze, auf der anderen Seite das sich einladend Öffnende und Erblühende. Sprachlicher Ausdruck und Körpererfahrung von spitz und rund stehen in diesem Kapitel im Vordergrund.

Einstimmung

1. Betrachten einer echten Rose

Die Gruppenleiterin bringt den Kindern eine Rose mit: Die Königin der Blumen symbolisiert die liebenswerten Aspekte und zugleich die dornigen, schattigen Seiten des Lebens.

2. Erblühen einer Chiffontuchblume

Die Gruppenleiterin zeigt den Kindern das faszinierende Spiel mit der sich entfaltenden Chiffontuchblume: Wenn man ein Chiffontuch zerknüllt, dann in die hohlen Hände hineindrückt und die Hände vorsichtig öffnet, entfaltet sich das Tuch nach und nach wie eine Blume.

3. Runde und spitze Gegenstände im Raum finden

Alle schauen sich aufmerksam im Raum um und nennen runde und spitze Gegenstände. Durch die Beschränkung auf zwei Eigenschaften nimmt man die Gegenstände in der unmittelbaren Umgebung ganz anders wahr.

4. Gedicht ‹Rund und spitz› **Text: Ulrike Meyerholz**

Alles rund!
Tassen, Teller, Blumentöpfe,
Schüsseln, Gläser, Hosenknöpfe,
eine Rolle Klopapier,
eine Flasche kühles Bier,
Kokosnüsse, Schokoküsse,
und der Napf von Nachbars Hund,
♩ ♩ , alles rund!

Alles spitz!
Rosendornen, Raubtierkrallen,
Stacheldraht und Gürtelschnallen.
Nagelfeile, Kuchengabel,
Igelstachel, Vogelschnabel,
Haifischzähne, Kirchturmspitze,
Hexenhut und Zwergenmütze,
und vom Himmel einen Blitz!
♩ ♩ , alles spitz!

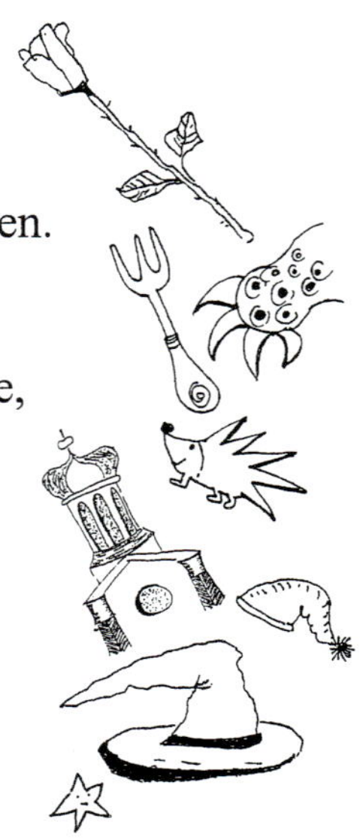

Nachdem die Gruppenleiterin den Kindern das Gedicht vorgestellt hat, überlegen sich alle gemeinsam, wie es rhythmisch-musikalisch gestaltet werden kann, z.B. ‹Alles rund!› sparsam mit Zimbel- und Beckenklängen, ‹Alles spitz!› mit Holzblocktrommel, Guiro usw. Es ist dabei zu beachten, dass die gesprochenen Zeilen nicht von den Klängen der Instrumente übertönt werden. Ob man sich beim Gestalten von der Form der Instrumente oder von ihrem Klang leiten lässt, wird durch die Dynamik der Gruppenarbeit entschieden.

5. Fühlrätsel

Alle sitzen im Kreis, schliessen die Augen und legen die Hände hinter dem Rücken auf den Boden: Die Gruppenleiterin legt kleine runde (z.B. Flummiball) und spitze (z.B. einen Igelball oder ein Kastanienhaus) Gegenstände in die Hände der Kinder, die sie vorsichtig abtasten und dann an die Nachbarn weitergeben. Erst wenn die Runde zu Ende ist, dürfen sie verraten, was sie gefühlt haben.

6. Runde und spitze Formen mit einem Metermass und einem Seil legen

Jedes Kind bekommt ein Metermass und ein Seil und legt mit den beiden Objekten eine spitze und eine runde Form auf den Boden. Die Kinder laufen danach zur Trommelbegleitung durch den Raum. Stoppt die Begleitung, ruft die Gruppenleiterin entweder «Spitz!» oder «Rund!». Die Kinder begeben sich zu einer entsprechenden Form und versuchen, sie mit dem Körper nachzuempfinden.

Melodie ‹Dornenhecke – Rosenpracht› (CD, Track 18) **Musik: Bernd Sippel**

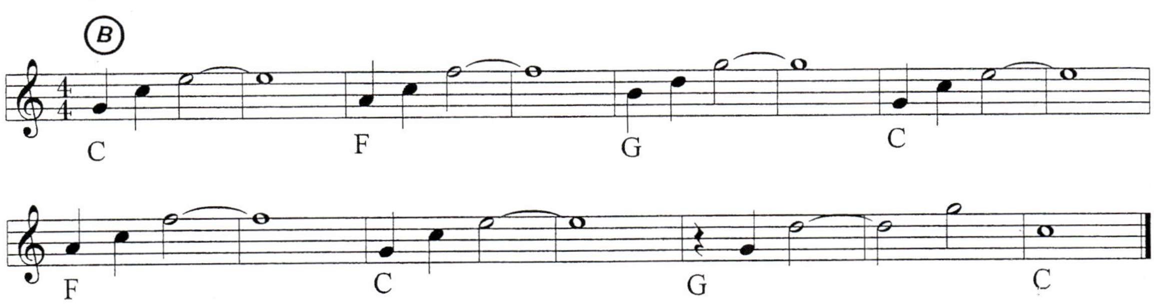

Form (Track 17): 1 Takt Vorspiel

A	B	A	B	A	B	A	B
8 Takte	8 Takte	8 Takte	8 Takte	8 Takte	8 Takte	8 Takte	8 Takte

Form (Track 18) Dornenhecke – Rosenpracht (Version für ‹Dornröschen›)

A	B
24 Takte	16 Takte

Bewegungsspiele mit Musik (CD, Track 17, Version mit vier A- und B-Teilen)

1. Kreisspiel mit einer Zauberschnur oder einem Gummiband

Eine Zauberschnur, ein Gummitwist oder ein ca. 10 m langes Hosengummiband wird zusammengeknotet. Jedes Kind findet daran einen Platz, hält sich mit beiden Händen fest und alle zusammen bilden einen Kreis.

A-Teil	B-Teil
Jedes Kind bewegt sich mit spitzen, eckigen Bewegungen langsam in den Kreis hinein, ohne die Schnur loszulassen.	Der Kreis ‹blüht› wieder auf, wird mit weichen Bewegungen wieder vergrössert, ohne die Hände von der Schnur zu lösen.

Wenn die Kinder Freude an dieser Aufgabe zeigen, kann versucht werden, das Erblühen des Kreises so zu gestalten, dass sich symmetrische Formen – z.B. ein Stern – bilden.

2. Zu zweit mit einem Gummiband

Die Kinder bekommen paarweise ein ca. 3 m langes, zusammengeknotetes Hosengummiband.

A-Teil	B-Teil
Wie in Aufgabe ‹Bewegungsspiele mit Musik 1› bewegen sich die Kinder zu zweit mit spitzen Bewegungen und reagieren auf die Bewegungen des Partners.	Schwingende, runde Bewegungen, die das Gummiband erlaubt, ohne dass man es loslässt, intensivieren die Be**zieh**ung im Sinne des Wortes zum Partner.

3. Reaktionsspiel: Mit Metermass und Seil Formen legen

Die Hälfte der Kinder bekommt je ein Metermass, die andere Hälfte der Gruppe je ein Gymnastikseil.

A-Teil	B-Teil
Die Metermass-Kinder formen aus den Metermassen spitze Objekte, während die Seil-Kinder verharren.	Die Seil-Kinder legen runde Formen auf den Boden, während die Metermass-Kinder verharren.

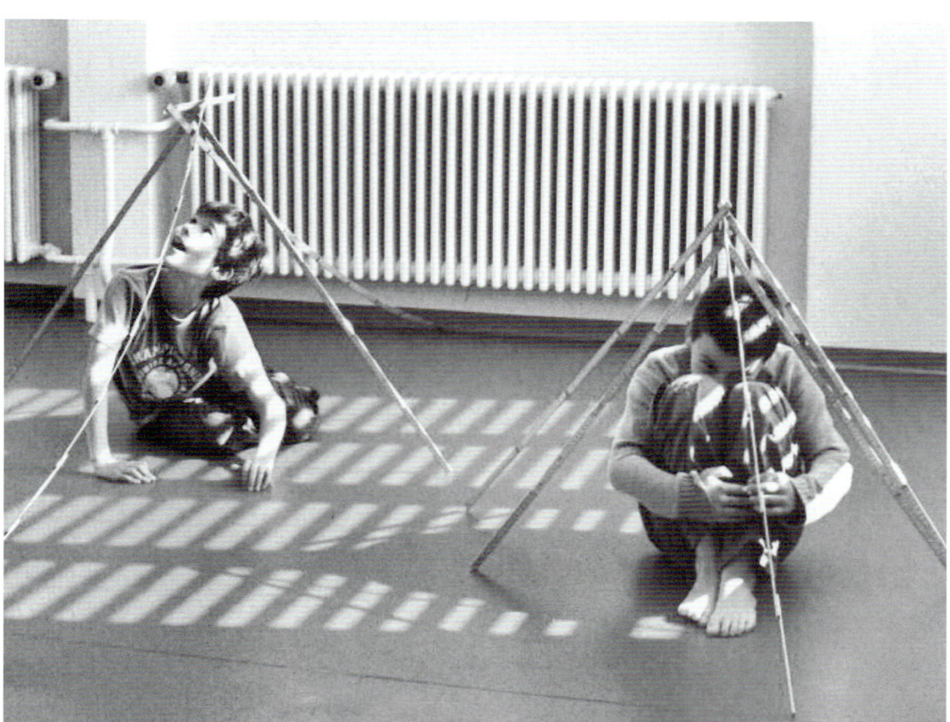

94

… mit ein bisschen Üben (CD, Track 18, Version mit einem A- und B-Teil)

1. Tanz ‹Dornenhecke – Rosenpracht› im Märchenspiel ‹Dornröschen› (s. S. 123)

Vor der Kulisse des Schlosses hocken sich die Kinder auf den Boden. In einer Hand haben sie ein rotes, geknülltes Chiffontuch versteckt.

A-Teil	B-Teil
Mit eckigen Staccato-Bewegungen wachsen sie ganz langsam in die Höhe und versuchen das Grösserwerden so einzuteilen, dass sie erst zum Ende des A-Teils ganz aufrecht stehen.	Das nun mit beiden Händen umschlossene Tuch ‹erblüht› durch das vorsichtige Öffnen der Handflächen. Die Wirkung der Rosenhecke kann gesteigert werden, wenn man mit den Kindern eine Reihenfolge der sich öffnenden Hände verabredet.

Weiterführende Ideen

1. Integration der Bewegungsidee ‹Spitz und rund› in das Märchenspiel ‹Schneewittchen› (s. S.149)

Im Rahmen einer Aufführung für das Märchen ‹Schneewittchen› kann die Musik die Szene unterstützen, in der Schneewittchen allein im Wald herumirrt und dann das rettende Zwergenhaus entdeckt. Das Unterholz, die Wurzeln und Bäume, durch die Schneewittchen durchschlüpfen muss, können von den zuschauenden Erwachsenen dargestellt werden.

DIE DORNENHECKE WÄCHST UND WÄCHST…

¡MiAu!
DREi WÜNSCHE

Ideenpaket ‹Drei Wünsche› (CD, Track 19)

Einstimmung

1.	Gespräch über das Wünschen
2.	Reaktionsspiel ‹Langsam – schnell›
3.	Klanggestenspiel ‹Manchmal langsam und manchmal schnell›

Bewegungsspiele mit Musik

	A-Teil (4 Takte schnell)	B, B'-Teile (2 x 4 Takte schnell)	C-Teil (2 Takte langsam)	D, D'-Teile (2x4 Takte langsam)
1.	Die Kinder spielen Autoscooter mit Schaumstoffwürfeln			
	Schaumstoffwürfel vor sich her schieben	Richtungswechsel	Stehen bleiben	Auf Würfel liegen und träumen
2.	Die Kinder stellen Weihnachtshektik in der Stadt dar			
	Schaumstoffwürfel vor sich herschieben	Richtungswechsel	Stehen bleiben	Sich mit ausgebreiteten Armen als Schneeflocke bewegen
3.	Gymnastikreifen fungieren als Autolenkräder			
	Kräftig lenkend kreuz und quer durch den Raum fahren	Richtungswechsel	Stehen bleiben	Am Platz unterschiedliche ruhige Bewegungen mit dem Reif ausführen

… mit ein bisschen Üben

1.	Kreistanz ‹Langsam – schnell›

Weiterführende Ideen

1.	Die Märchen ‹Der Fischer und seine Frau› und ‹Aladin und die Wunderlampe›
2.	‹Wenn ich dir was wünschen dürfte›, Bilderbuch und Lied von Gerhard Schöne

Erläuterungen zum Ideenpaket ‹Drei Wünsche› (CD, Track 19)

Einstimmung

1. Gespräch über das Wünschen

«In den alten Zeiten, wo das Wünschen noch geholfen hat ...», so fängt das Märchen vom Froschkönig an. Hilft das Wünschen denn heute auch noch? In einem Gespräch über das Wünschen werden besondere Ereignisse, an denen man sich etwas wünschen darf, wie z.B. Geburtstag, Weihnachten oder das Beobachten einer Sternschnuppe, zusammengetragen.

2. Reaktionsspiel ‹Langsam – schnell›

Die Gruppenleiterin gibt eine Bewegung, z.B. Gehen, vor und begleitet sie mit einer Trommel, einem Hölzchen o.Ä. Wechselt sie mit der Begleitung zu einem lang klingenden Instrument, z.B. Becken, sollen die Kinder die gleiche Bewegung wie in Zeitlupe ausführen.

3. Klanggestenspiel ‹Manchmal langsam – manchmal schnell›

Mit Händen und Füssen begleiten die Kinder akustisch Phänomene, die langsam und auch schnell sein können:

Bären stapfen langsam.	*Mit den Füssen im Sitzen stampfen*
Und manchmal ganz schön schnell.	*Mit den Füssen im Sitzen schnell trampeln*
Herzen klopfen langsam.	*Mit der Hand im Herzschlagrhythmus auf das Brustbein klopfen*
Und manchmal ganz schön schnell.	*Mit der Hand einen rasenden Herzschlag auf das Brustbein klopfen*
Maschinen rattern langsam.	*Patsch-Klatsch-Patsch-Kombination auf dem einen und dann auf dem anderen Oberschenkel*
Und manchmal ganz schön schnell.	*Patsch-Klatsch-Patsch-Kombination schnell ausführen*
Wischer wischen langsam.	*Handflächen aneinander wischen*
Und manchmal ganz schön schnell.	*Handflächen schneller wischen*
Räder rollen langsam.	*Hände umeinander kreisen*
Und manchmal ganz schön schnell.	*Hände schnell umeinander wirbeln*

(Text: Susi Reichle)

Melodie ‹Drei Wünsche› (CD, Track 19) **Musik: Bernd Sippel**

Form

A	BB’	C	DD’	A	BB’	C	DD’	A	BB’	C	DD’	Schluss
4 Takte	8 Takte	4 Takte	16 T.	4 Takte	8 Takte	4 Takte	16 T.	4 Takte	8 Takte	4 Takte	16 T.	4 Takte

AUTOSCOOTER AUF DEM JAHRMARKT

ICH WÜNSCH MIR WAS...

Bewegungsspiele mit Musik

1. Die Kinder spielen Autoscooter mit Schaumstoffwürfeln

Jedes Kind bekommt einen Schaumstoffwürfel.

A-Teil (4 Takte schnell)	B, B'-Teile (2 x 4 Takte schnell)	C-Teil (4Takte langsam)	D, D'-Teile (2 x 4 Takte langsam)
Die Kinder schieben in rasanter Fahrt Schaumstoffwürfel vor sich her, fahren damit kreuz und quer durch den Raum wie Autoscooter auf dem Jahrmarkt. Besonders spannend und völlig ungefährlich sind Kollisionen.	Nach einem Richtungswechsel geht es weiter wie im A-Teil.	Die Kinder bleiben mit den Würfeln stehen.	Sie legen sich bäuchlings auf die Würfel, träumen ein bisschen, geniessen die Ruhe und denken sich einen Wunsch aus.

2. Die Kinder stellen Weihnachtshektik in der Stadt dar

In der Musik sind deutlich Autogeräusche und genervtes Hupen zu hören. Dies erinnert sehr an die hektischen Tage vor Weihnachten, wenn alle durch die verstopfte Stadt hetzen und ihre letzten Einkäufe machen müssen.

A-Teil (4 Takte schnell)	B, B'-Teile (2 x 4 Takte schnell)	C-Teil (4 Takte langsam)	D, D'-Teile (2 x 4 Takte langsam)
Die Kinder schieben ihre Schaumstoffwürfel lebhaft durch den Raum.	Nach einem Richtungswechsel geht es weiter wie im A-Teil.	Alles bleibt stehen, weil es plötzlich spiegelglatt wird.	Die Kinder lassen ihre Autos stehen und drehen sich mit ausgebreiteten Armen als Schneeflocken. Zum Ende des B-Teils kehren sie zu ihren Autos zurück.

3. Gymnastikreifen fungieren als Autolenkräder

Jedes Kind hat einen Gymnastikreifen in beiden Händen, wie ein Lenkrad gefasst.

A-Teil (4 Takte schnell)	B, B'-Teile (2 x 4 Takte schnell)	C-Teil (4 Takte langsam)	D, D'-Teile (2 x 4 Takte langsam)
Die Kinder ‹fahren› kräftig lenkend kurvenreich mit ihren Lenkrädern kreuz und quer durch den Raum.	Nach einem Richtungswechsel geht es weiter wie im A-Teil.	Alle Kinder bleiben stehen.	Am Platz probieren sie unterschiedlichste Bewegungen mit den Reifen aus: wie sie die Reifen schwingen, wie sie sich mit dem Reifen verwringen können usw.

… mit ein bisschen Üben

1. Kreistanz ‹Langsam – schnell›

Alle stehen im Kreis mit Blick zur Kreismitte.

A-Teil (4 Takte schnell)	B, B'-Teile (2 x 4 Takte schnell)	C-Teil (4 Takte langsam)	D, D'-Teile (2 x 4 Takte langsam)
Mit den Knien wippend nehmen die Kinder das Tempo der Musik auf.	Mit schnellen Kreuzschritten laufen alle in Tanzrichtung.	Viermal schwingen die gefassten Arme in V-Haltung in den Kreis hinein und wieder hinaus.	Mit dem li. Fuss beginnend 4 Schritte in Tanzrichtung gehen. Mit einer ¼-Drehung weitere 4 Schritte in die Kreismitte, danach mit 4 Schritten wieder rückw. aus dem Kreis hinausgehen, um den D-Teil mit einem Wiegen nach li. und dann nach re. zu beschliessen. Im D'-Teil wird der D-Teil wiederholt.

Weiterführende Ideen

1. Die Märchen ‹Der Fischer und seine Frau› und ‹Aladin und die Wunderlampe›

In diesen beiden Märchen stehen das Wünschen und die Auswüchse von zügellosem Wünschen im Mittelpunkt.

2. ‹Wenn ich dir was wünschen dürfte›, Bilderbuch und Lied von Gerhard Schöne (Thomas Verlag, Leipzig, 1996)

Im Lied und gleichnamigen Bilderbuch beschreibt Gerhard Schöne sieben gute Wünsche: «Wenn ich dir was wünschen dürfte, mein liebes Kind, wünscht' ich dir die sieben Gaben, die nicht leicht zu haben sind!» Er singt von lauter Wünschen, die man nicht kaufen kann, z.B. von der Geduld der Weinbergschnecke oder der Balance des Stehaufmännchens. Zu jeder Gabe hat Gerhard Schöne ein passendes Foto ausgesucht. Jeder der tiefgründigen Verse zu den sieben Gaben gibt wunderbare Impulse zu Gestaltung mit Musik und Bewegung.

ES WIRD GEPUTZT

Ideenpaket ‹Es wird geputzt› (CD, Track 20)

Einstimmung

1.	Reaktionsspiel ‹Zehenspitzen, Matschschuhe, Filzpantoffeln›
2.	Pantomimisches Darstellen von unterschiedlichsten Putzarbeiten

Bewegungsspiele mit Musik

	A-Teil	B-Teil
1.	Die Kinder eilen mit imaginären Putzeimern ausgerüstet durch das Schloss	
	Kreuz und quer durch das Schloss sausen	Verschiedene Putzaktionen darstellen
2.	Das Parkett im Festsaal wird auf Hochglanz gebracht	
	Vorsichtig von Putzlappen zu Putzlappen bewegen	Mit Putzlappen unter beiden Füssen übers Parkett rutschen

… mit ein bisschen Üben

	A-Teil	B-Teil
1.	Putztanz mit realen Putz-Objekten	
	Bühnenauftritt einer bestimmten Putzgruppe	In jedem B-Teil zeigt eine andere Putzgruppe ihren Tanz.

Weiterführende Ideen

1.	Im Rahmen der Märchen ‹Schneewittchen› und ‹Dornröschen› werden Bewegungsideen aus diesem Kapitel in die Erarbeitung der Märchen integriert.

DIE PUTZ-KOLONNE KOMMT!

Erläuterungen zum Ideenpaket ‹Es wird geputzt› (CD, Track 20)

Auch in Märchenschlössern muss ab und zu Staub gewischt und das Silber geputzt werden. Zwischen all den märchenhaften Begebenheiten in den anderen Kapiteln ist ein bisschen Alltag zwischendurch ganz wichtig.

Einstimmung

1. Reaktionsspiel ‹Zehenspitzen, Matschschuhe, Filzpantoffeln›

Wenn Grossputz im Schloss angesagt ist, müssen alle auf Zehenspitzen über die frisch gewischten Böden huschen. Wehe, man wird mit schmutzigen Schuhen erwischt! Schlägt die Gruppenleiterin einen Triangel an, gehen die Kinder auf Zehenspitzen über einen frisch geputzten Boden; schlägt sie mit der flachen Hand auf eine Handtrommel, stampfen die Kinder in ihrer Vorstellung durch Matsch. Wischt sie über die Handtrommel, schlurfen die Kinder in dicken Filzpantoffeln und wienern die frisch gewachsten Schlossböden.

2. Pantomimisches Darstellen von unterschiedlichsten Putzarbeiten

In Kleingruppen wird überlegt, was alles im grossen, alten Schloss geputzt und gereinigt werden muss und wie man es pantomimisch darstellen kann. Eine Gruppe spielt z.B. Fenster putzen, Boden wischen, Kronleuchter polieren o.Ä. vor, die anderen Kinder müssen raten, was sie dargestellt haben.

Melodie ‹Es wird geputzt› (CD, Track 20) **Musik: Bernd Sippel**

Form: 4 Takte Vorspiel

A	B	A	B	A	B	A	B
8 Takte	12 Takte	8 Takte	12 Takte	8 Takte	12 Takte	8 Takte	12 Takte

Bewegungsspiele mit Musik

1. Die Kinder eilen mit imaginären Putzeimern ausgerüstet durch das Schloss (nach einer Idee von Elsbeth Hörner)

A-Teil	B-Teil
Mit unsichtbaren Lappen, Putzeimer und Schrubber ausgerüstet, sausen die Kinder kreuz und quer durch das ‹Schloss› zur nächsten Putzstation. Die Gruppenleiterin gibt zum Ende des A-Teils die Information, was als Nächstes gereinigt werden soll.	Zu jedem neuen B-Teil ist eine andere Putzaktion angesagt: entweder den Boden schrubben oder Fenster putzen, Kronleuchter abstauben, Gläser polieren, Betten aufschütteln, Möbel abstauben usw. Der Impuls der Gruppenleiterin wird von den Kindern sofort pantomimisch umgesetzt.

2. Das Parkett im Festsaal wird auf Hochglanz gebracht

Für jedes Kind liegen mindestens 2 Stoffreste oder Putzlappen auf dem Boden bereit. Wenn der Bewegungsraum Parkett- oder Linoleumboden hat, haben die Kinder viel Spass mit dem folgenden Spiel:

A-Teil	B-Teil
Die Kinder dürfen den Boden nicht betreten, sondern nur mit grossen Schritten von Stoffstück zu Stoffstück gehen.	Mit je einem Lappen unter den Füssen rutschen und tanzen die Kinder kreuz und quer und polieren so den kostbaren Parkettboden.

... mit ein bisschen Üben

1. Putztanz mit realen Putz-Objekten

Vier Gruppen werden gebildet; für jede Strophe erarbeitet eine Kleingruppe festgelegte Bewegungsabläufe, entweder mit Schrubbern, Putzlappen o.Ä.

A-Teil	B-Teil
Im Gänsemarsch oder auschoreografierten Bühnenaufgang kommt eine der vier Kleingruppen auf die Bühne und begibt sich in eine Ausgangsposition für ihren Bewegungsablauf im B-Teil.	Die Besengruppe zeigt einen Besentanz, im folgenden B-Teil tanzt die nächste Kleingruppe auf Putzlappen, beim dritten Durchgang zeigt die Putzeimergruppe ihre Ideen, eine vierte Gruppe hat sich mit rosa Putzhandschuhen schick gemacht und tanzt einen Tanz, in dem die Handschuhe besonders zur Geltung kommen.

Hat die erste Gruppe ihren Tanz zum B-Teil gezeigt, geht sie zum nächsten A-Teil wieder ab, während sich die nächste Gruppe in Position bringt.

Weiterführende Ideen

1. Im Rahmen der Märchen ‹Schneewittchen› und ‹Dornröschen› werden die Bewegungsideen aus diesem Kapitel in die Erarbeitung der Märchen integriert

«Willst du unsern Haushalt versehen, kochen, betten, waschen, nähen und stricken, und willst du alles ordentlich und reinlich halten? So kannst du bei uns bleiben, und es soll dir an nichts fehlen», sagen die Zwerge zu Schneewittchen und sie willigt gerne ein und hält ihnen das Zwergenhaus in Ordnung. Im Rahmen eines Märchenspiels zu ‹Dornröschen› kann das Schloss vor der grossen Feen-Einladung auf Hochglanz gebracht werden.

HÖFISCHER TANZ

Ideenpaket ‹Höfischer Tanz› (CD, Track 21)

Einstimmung

1.	Schreiten wie Königsfamilien mit Königskronen
2.	Ratespiel: Welche Instrumente spielen die Melodie?

Bewegungsspiele mit Musik

1.	Ein Tanzlehrer bringt den jungen Prinzen und Prinzessinnen Haltung und höfisches Benehmen bei.
2.	Grosser Aufzug für einen Empfang bei der Königin und beim König

… mit ein bisschen Üben

1.	Maskenball mit Stielmasken

Weiterführende Ideen

1.	Festliche Musik für die Märchen ‹Dornröschen› (s. S. 123) und ‹Schneewittchen› (s. S. 149)

Erläuterungen zum Ideenpaket ‹Höfischer Tanz› (CD, Track 21)

Mit einer aufrechten Haltung hat jeder gleich eine selbstbewusstere Ausstrahlung, stärkt seine Haltemuskulatur im Oberkörper und der Atem kann freier fliessen. Ausserdem stehen in diesem Kapitel nicht die einzelnen musikalischen Teile im Vordergrund, sondern die Instrumentierung der Melodie.

Einstimmung

1. Schreiten wie Königsfamilien mit Königskronen

Die Kinder gehen und schreiten mit Papierkronen auf dem Kopf und üben so intensiv eine aufrechte Haltung. Entweder stellt man die Kronen mit den Kindern aus Tonpapier selbst her oder versucht, Kronen als Werbegeschenke zu bekommen, z.B. Dreikönigskuchenkronen in der Schweiz.

2. Ratespiel: Welche Instrumente spielen die Melodie?

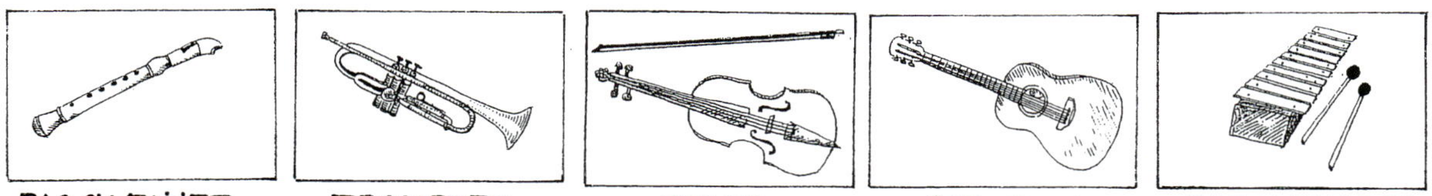

BLOCKFLÖTE TROMPETE GEIGE GITARRE GLOCKENSPIEL

Die Gruppenleiterin zeigt den Kindern die Karten mit den abgebildeten Instrumenten. Gemeinsam wird zusammengetragen, wie sie heissen. Eventuell hat die Gruppenleiterin auch ein, zwei Instrumente dabei. Die Kinder versuchen anhand der Instrumentenkarten, die richtigen Melodie-Instrumente der einzelnen Teile der Musik (CD, Track 21) herauszufinden, indem sie auf die Karten zeigen, wenn das entsprechende Instrument erklingt.

Melodie ‹Höfischer Tanz› (CD, Track 21) **Musik: Bernd Sippel**

Form: 2 Takte Vorspiel

A	A1	B	A2	A3	B	A	A1	Schluss
8 Takte	8 Takte	8 Takte	8 Takte	8 Takte	8 Takte	8 Takte	8 Takte	2 Takte
Flöte	Trompete	Geige	Gitarre	Glockenspiel	Geige	Flöte	Trompete	Trompete

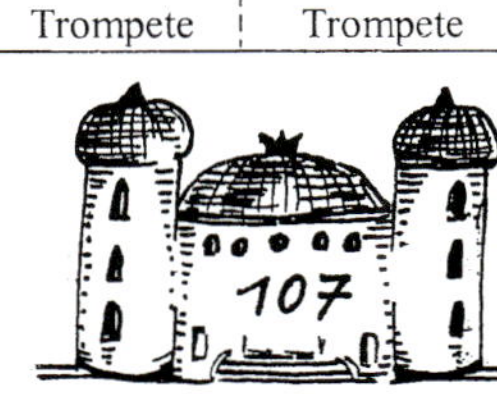

Bewegungsspiele mit Musik

1. Ein Tanzlehrer bringt den jungen Prinzen und Prinzessinnen Haltung und höfisches Benehmen bei (nach einer Idee von Elsbeth Hörner)

Die Gruppenleiterin spielt einen höfischen Tanzlehrer, der die Prinzessinnen und Prinzen vornehmes Schreiten, huldvolles Begrüssen, zierliche Verbeugungen, Reverenzen und feine Tanzschritte lehrt. Leicht übertriebene Gesten laden die Kinder ein, gleich mitzumachen.

2. Großer Aufzug für einen Empfang bei der Königin und beim König

Die Kinder gehen paarweise zusammen und denken sich einen besonders blumigen, vielleicht adligen Namen aus. Zwei Kinder stellen das Königspaar dar, das auf zwei vornehmen Stühlen Platz nimmt und seine Gäste mit einem huldvollen Nicken begrüsst. Ein Zeremonienmeister kündigt die edlen Gäste mit den Namen an, die sich die Kinder ausgedacht haben, und die Kinder schreiten dem Herrscherpaar entgegen. Vornehme Butler tragen pantomimisch Tabletts mit köstlichen Getränken auf. **Variation:** Die in Einstimmung 2 über intensives Hören erkannten Strukturen können im festlichen Aufzug in gestaltende Bewegung umgesetzt werden. Immer wenn ein neues Instrument einsetzt, startet ein neues Paar.

… mit ein bisschen Üben

1. Maskenball mit Stielmasken

Jedes Kind hat eine Halbmaske aus Papier an einem Holzstäbchen. Alle beginnen im Kreis 8 Schritte mit der Maske vor den Augen in Tanzrichtung zu schreiten. Alle wenden sich zur Kreismitte und gehen 4 Schritte in die Mitte und vier wieder rückwärts. Beim Rückwärtsgehen ordnet sich der Kreis als Quadrat an. Die vorher festgelegten Reihen 1 und 3 (stehen einander gegenüber) gehen mit vier Schritten aufeinander zu und senken dabei in Zeitlupe ihre Masken. Auf vier Zählzeiten verbeugen sie sich voreinander und richten sich auf vier Zählzeiten wieder auf. Mit vier Schritten gehen sie wieder zurück auf ihren Platz und heben die Maske wieder vor das Gesicht. Nun sind die Reihen 2 und 4 (stehen einander gegenüber) dran, die die ganze Zeit die Bewegungen von Reihe 1 und 3 verfolgt haben.

Weiterführende Ideen

1. Festliche Musik für die Märchen ‹Dornröschen› und ‹Schneewittchen›

Je nachdem, wie die Kinder sich auf die Spielsituation ‹Höfisches Leben im Schloss› einlassen, können die Ideen aus diesem Kapitel in die Erarbeitung der Märchen ‹Dornröschen› (s. S. 123) und ‹Schneewittchen› (s. S. 149) einfliessen.

EIN SCHÖNES PAAR

LUSTIGER TANZ

Ideenpaket ‹Lustiger Tanz› (CD, Track 22)

Einstimmung

1.	Stopptanz mit Gymnastikreifen

Bewegungsspiele mit Musik

	A-Teil	B-Teil
1.	Tanzspiel mit Seitgalopp	
	Einfache, zweitaktige Bewegungsfolgen werden dreimal wiederholt.	Seitgalopp im Kreis

… mit ein bisschen Üben

	A-Teil	B-Teil
1.	Abklatschtanz	
	Vor- und Nachklatschen einfacher rhythmischer Motive	Das ‹Vorklatschkind› klatscht alle rechten Hände der Kinder im Kreis ab.
2.	Königliche Polonaise	
	König und Königin führen die Polonaise an und bilden eine Gasse.	Paarweise durch die Gasse tanzen

Weiterführende Ideen

1.	Gemeinsamer Abschlusstanz zum Märchen ‹Dornröschen› und zum Märchen ‹Schneewittchen›

Erläuterungen zum Ideenpaket ‹Lustiger Tanz› (CD, Track 22)

Einstimmung

1. Stopptanz mit Gymnastikreifen

Im Raum liegen ein paar Gymnastikreifen auf dem Boden. Die Kinder tanzen und hüpfen frei zur Musik kreuz und quer durch den Raum. Stoppt die Gruppenleiterin die Musik, verharren die Kinder kurz und setzen dann die Aufgaben der Gruppenleiterin um, z.B. sich zu zweit in einen Reifen stellen, je fünf Füsse sollen sich in einem Reifen befinden, alle Kinder in die Reifen hinein usw.

Melodie ‹Lustiger Tanz› (CD, Track 22) **Musik: Bernd Sippel**

Form: 2 Takte Vorspiel

A	B	A	B	A	B	A	B	A	B	Schluss
8 Takte	8 Takte	8 Takte	8 Takte	8 Takte	8 Takte	8 Takte	4 Takte	8 Takte	8 Takte	2 Takte

Bewegungsspiele mit Musik

1. Tanzspiel mit Seitgalopp

Alle stehen im Kreis.

A-Teil	B-Teil
Die Gruppenleiterin gibt eine einfache zweitaktige Bewegungsfolge vor, die alle gleichzeitig mitmachen, z.B. vier Schritte in den Kreis hineingehen und wieder vier Schritte zum Ausgangspunkt zurückgehen. Zum restlichen A-Teil wird dies noch dreimal wiederholt. Zweitaktige Klanggestenmotive am Platz eignen sich ebenso gut.	Entweder durchgefasst oder mit eingestützten Händen werden 16 Seitgalopp-Sprünge nach rechts im Kreis und 16 Seitgalopp-Sprünge nach links durchgeführt.

… mit ein bisschen Üben

1. Abklatschtanz

Alle stehen im Kreis.

A-Teil	B-Teil
Ein Kind steht in der Kreismitte und klatscht ein eintaktiges Motiv vor. Die Kinder im Kreis wiederholen das Klatschmotiv. Dreimal wird dieser Vorgang wiederholt.	Alle Kinder halten ihre rechte Hand in Richtung Kreismitte. Das Kind, das im A-Teil vorgeklatscht hat, geht nun in Tanzrichtung an den ausgestreckten Händen vorbei und klatscht alle ab. Gegen Ende des B-Teils sucht es ein neues Kind für die Kreismitte aus.

2. Königliche Polonaise

Alle Kinder stellen sich paarweise hintereinander auf, angeführt von Königin und König.

A-Teil	B-Teil
Das erste Paar führt die Paarschlange in flottem Gehtempo auf beliebigen Raumwegen an. Gegen Ende des A-Teils bleiben alle stehen, die Partner wenden sich zueinander und gehen dabei einen Schritt auseinander.	König und Königin beginnen, entweder im Seitgalopp oder ganz würdevoll durch die entstandene Gasse zu tanzen, und stellen sich am Ende an, um die nächsten Tänzer weiter durchtanzen zu lassen. Das Paar, das zum Ende des B-Teils am Kopf der Schlange steht, ist das neue Königspaar.

Weiterführende Ideen

1. Gemeinsamer Abschlusstanz zum Märchen ‹Dornröschen› und zum Märchen ‹Schneewittchen›

Beide Märchen haben ein gutes Ende. Der ‹Lustige Tanz› (CD, Track 22) kann ein beschwingter Abschluss für ein Märchenspiel sein.

JETZT GEHT'S LOS!
MIT VOLLDAMPF
IN DIE MÄRCHENWELT.

Spitze deine Ohren und hör gut zu!

Bevor die vorgestellten Märchenfiguren in den folgenden Märchen auf ihre besondere Art lebendig werden, sind sie hier kurz Impulsgeber für kleine rhythmische Spielereien: Je nach Alter und Konzentrationsfähigkeit der Kinder liegen drei bis neun verschiedene Instrumente, in einem Kreis angeordnet, bereit. Zu jedem Instrument hat sich ein Requisit gesellt, das den Kindern deutlich macht, um welche Märchenfigur es sich handelt, z.B. eine Fingerpuppe, eine Zeichnung oder ein typisches Attribut wie den Besen für die Hexe. Jedes Kind entscheidet sich für eine Märchenfigur, es entstehen kleine Gruppen, die sich zu dem jeweiligen Instrument/Requisit setzen.

Märchenfiguren-Rhythmen **Musik: Susi Reichle**

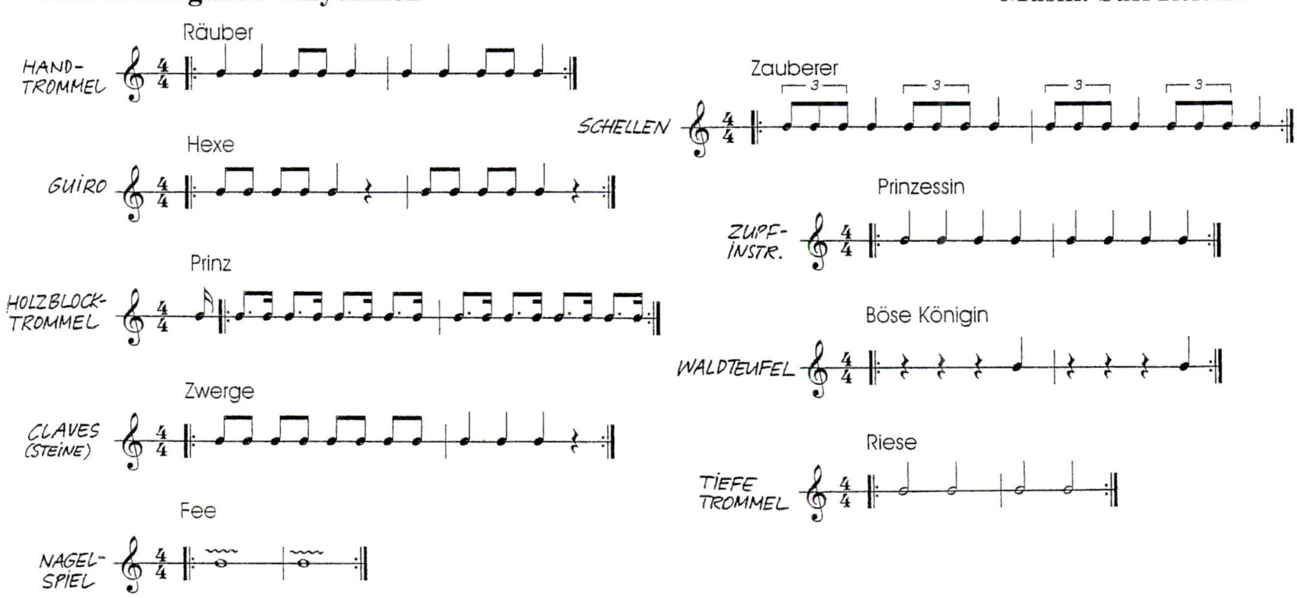

Die Gruppenleiterin klatscht jeder Kleingruppe ihren Rhythmus vor, der von den Kindern als Echo wiederholt wird. Jede Kleingruppe findet zu dem Rhythmus und dem Charakter der Figur entsprechend eine typische Bewegung. Bei jüngeren Kindern gibt die Gruppenleiterin die Bewegungen vor, z.B. schleichende Räuber, im Topf rührende Hexen, reitende Prinzen, hämmernde Zwerge, sich tänzerisch drehende Feen, magisch gestikulierende Zauberer, auf Zehenspitzen tippelnde Prinzessinnen, Fratzen schneidende böse Königinnen und weit aus-

schreitende Riesen. Nacheinander stellen die Kleingruppen ihre Bewegungen, begleitet vom Rhythmusinstrument, vor. Für ältere Kinder ist es spannend, die verschiedenen Bewegungen und Rhythmen zu schichten. Die Kleingruppen setzen jeweils nach 4 Takten ein und spielen so lange mit, bis alle Kinder in Bewegung sind. Als Schluss kann ein fulminantes Fortissimo verabredet werden oder die vielstimmmigen Schichten bauen sich nach und nach wieder ab: Diejenige Kleingruppe, die zuerst eingesetzt hat, hört als erste wieder auf, nacheinander beenden jeweils nach vier Takten alle weiteren Kleingruppen ihr Spiel. Für jüngere Kinder hat sich ein Dirigierspiel mit Fingerpuppen oder Zeichnungen bestens bewährt: Eine Fingerpuppe wird von der Gruppenleiterin oder einem Kind hochgehalten und die entsprechende Gruppe spielt und bewegt sich.

Ist ein Märchen Thema für eine längere Arbeitsphase mit oder ohne Aufführung, sollte es unbedingt in der Vorbereitungszeit mehrere Male in Ruhe erzählt oder vorgelesen werden. Um die Aufmerksamkeit der Kinder zu erhöhen, kann gemeinsam ein kleines ‹Zuhörgedicht› gesprochen und mit Klanggesten begleitet werden.

‹Spitze deine Ohren und hör gut zu!› **Text: Ulrike Meyerholz**

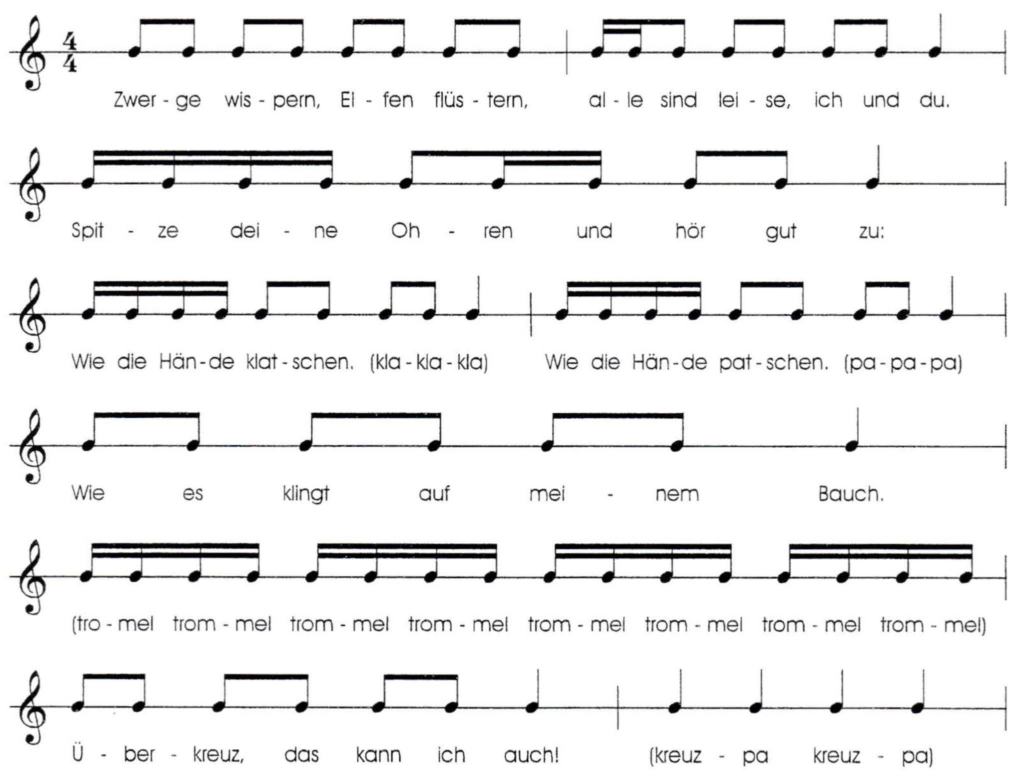

Geheimnisvoll und leise beginnt die Gruppenleiterin mit beiden Händen als Trichter am Mund das Gedicht zu flüstern und motiviert die Kinder über Augenkontakt mitzutun. Bei ‹ich› zeigt sie mit dem Zeigefinger auf sich selbst und bei ‹du› zeigt sie auf ein Kind in der Gruppe. Wer mag, kann bei ‹Spitze deine Ohren und hör gut zu› den Text ganz wörtlich nehmen und dabei seine eigenen Ohren liebevoll am Rand der Ohrmuschel mit Daumen und Zeigefinger kneten. Das tut gut und lenkt die Aufmerksamkeit auf das Sinnesorgan ‹Ohr›. Dann klatschen und patschen die Hände dem Text entsprechend und trommeln sanft auf den eigenen Bauch. Zum Schluss werden beim Oberschenkelpatschen die Hände bei jedem zweiten Mal gekreuzt.

Alle im Buch abgedruckten Märchen sind aus ‹Kinder- und Hausmärchen›. Gesammelt durch die Brüder Grimm, 2 Bände, Manesse Verlag.

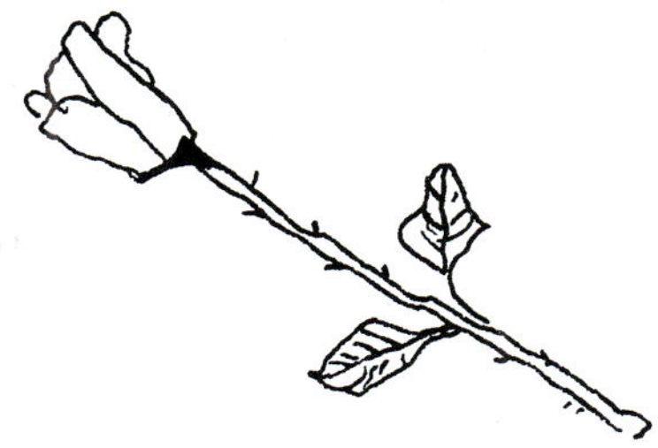

Dornröschen

Vor Zeiten war ein König und eine Königin, die sprachen jeden Tag: «Ach, wenn wir doch ein Kind hätten!» und kriegten immer keins. Da trug sich zu, als die Königin einmal im Bade sass, dass ein Frosch aus dem Wasser ans Land kroch und zu ihr sprach: «Dein Wunsch wird erfüllt werden; ehe ein Jahr vergeht, wirst du eine Tochter zur Welt bringen.» Was der Frosch gesagt hatte, das geschah, und die Königin gebar ein Mädchen, das war so schön, dass der König vor Freude sich nicht zu lassen wusste und ein grosses Fest anstellte. Er ladete nicht bloss seine Verwandten, Freunde und Bekannten, sondern auch die weisen Frauen dazu ein, damit sie dem Kind hold und gewogen wären. Es waren ihrer dreizehn in seinem Reiche; weil er aber nur zwölf goldene Teller hatte, von welchen sie essen sollten, so musste eine von ihnen daheim bleiben. Das Fest ward mit aller Pracht gefeiert, und als es zu Ende war, beschenkten die weisen Frauen das Kind mit ihren Wundergaben: die eine mit Tugend, die andere mit Schönheit, die dritte mit Reichtum, und so mit allem, was auf der Welt zu wünschen ist. Als elfe ihre Sprüche eben getan hatten, trat plötzlich die dreizehnte herein. Sie wollte sich dafür rächen, dass sie nicht eingeladen war, und ohne jemand zu grüssen oder nur anzusehen, rief sie mit lauter Stimme: «Die Königstochter soll sich in ihrem fünfzehnten Jahr an einer Spindel stechen und tot hinfallen.» Und ohne ein Wort weiter zu sprechen, kehrte sie sich um und verliess den Saal. Alle waren erschrocken, da trat die zwölfte hervor, die ihren Wunsch noch übrig hatte, und weil sie den bösen Spruch nicht aufheben, sondern nur ihn mildern konnte, so sagte sie: «Es soll aber kein Tod sein, sondern ein hundertjähriger tiefer Schlaf, in welchen die Königstochter fällt.»
Der König, der sein liebes Kind vor dem Unglück gern bewahren wollte, liess den Befehl ausgehen, dass alle Spindeln im ganzen Königreiche sollten verbrannt werden. An dem Mädchen aber wurden die Gaben der weisen Frauen sämtlich erfüllt, denn es war so schön, sittsam, freundlich und verständig, dass es jedermann, der es ansah, liebhaben musste. Es geschah, dass an dem Tage, wo es gerade fünfzehn Jahr alt ward, der König und die Königin nicht zu Haus waren und das Mädchen ganz allein im Schloss zurückblieb. Da ging es allerorten herum, besah Stuben und Kammern, wie es Lust hatte, und kam endlich auch an einen alten Turm. Es stieg die enge Wendeltreppe hinauf und gelangte zu einer kleinen Türe. In dem Schloß steckte ein verrosteter Schlüssel, und als es umdrehte, sprang die Türe auf und sass da in einem kleinen Stübchen eine alte Frau mit einer Spindel und spann emsig ihren Flachs. »Guten Tag, du altes Mütterchen«, sprach die Königstochter, «was machst du da?» – «Ich spinne», sagte die Alte und nickte mit dem Kopf. «Was ist das für ein Ding, das so lustig herumspringt?» sprach das Mädchen, nahm die Spindel und wollte auch spinnen. Kaum hatte sie aber die Spindel angerührt, so ging der Zauberspruch in Erfüllung, und sie stach sich damit in den Finger.
In dem Augenblick aber, wo sie den Stich empfand, fiel sie auf das Bett nieder, das dastand, und lag in einem tiefen Schlaf. Und dieser Schlaf verbreitete sich über das ganze Schloss: der König und die Königin, die eben heimgekommen und in den Saal getreten waren, fingen an einzuschlafen und der ganze Hofstaat mit ihnen. Da schliefen auch die Pferde im Stall, die Hunde im Hofe, die Tauben auf dem Dache, die Fliegen an der Wand, ja, das Feuer, das auf dem Herde flackerte, ward still und schlief ein, und der Braten hörte auf zu brutzeln, und der Koch, der den Küchenjungen, weil er etwas versehen hatte, in den Haaren ziehen wollte, liess ihn los und schlief. Und der Wind legte sich, und auf den Bäumen vor dem Schloss regte sich kein Blättchen mehr.

Rings um das Schloss aber begann eine Dornenhecke zu wachsen, die jedes Jahr höher ward und endlich das ganze Schloss umzog und darüber hinaus wuchs, dass gar nichts mehr davon zu sehen war, selbst nicht die Fahne auf dem Dach. Es ging aber die Sage in dem Land von dem schönen schlafenden Dornröschen, denn so ward die Königstochter genannt, also dass von Zeit zu Zeit Königssöhne kamen und durch die Hecke in das Schloss dringen wollten. Es war ihnen aber nicht möglich, denn die Dornen, als hätten sie Hände, hielten fest zusammen, und die Jünglinge blieben darin hängen, konnten sich nicht wieder losmachen und starben eines jämmerlichen Todes. Nach langen langen Jahren kam wieder einmal ein Königssohn in das Land und hörte, wie ein alter Mann von der Dornhecke erzählte, es sollte ein Schloss dahinter stehen, in welchem eine wunderschöne Königstochter, Dornröschen genannt, schon seit hundert Jahren schliefe, und mit ihr schliefe der König und die Königin und der ganze Hofstaat. Er wusste auch von seinem Grossvater, dass schon viele Königssöhne gekommen wären und versucht hätten, durch die Dornenhecke zu dringen, aber sie wären darin hängengeblieben und eines traurigen Todes gestorben. Da sprach der Jüngling: «Ich fürchte mich nicht, ich will hinaus und das schöne Dornröschen sehen.» Der gute Alte mochte ihm abraten, wie er wollte, er hörte nicht auf seine Worte.

Nun waren aber gerade die hundert Jahre verflossen, und der Tag war gekommen, wo Dornröschen wieder erwachen sollte. Als der Königssohn sich der Dornenhecke näherte, waren es lauter grosse schöne Blumen, die taten sich von selbst auseinander und liessen ihn unbeschädigt hindurch, und hinter ihm taten sie sich wieder als eine Hecke zusammen. Im Schlosshof sah er die Pferde und scheckigen Jagdhunde liegen und schlafen, auf dem Dache sassen die Tauben und hatten das Köpfchen unter die Flügel gesteckt. Und als er ins Haus kam, schliefen die Fliegen an der Wand, der Koch in der Küche hielt noch die Hand, als wollte er den Jungen anpacken, und die Magd sass vor dem schwarzen Huhn, das sollte gerupft werden. Da ging er weiter und sah im Saale den ganzen Hofstaat liegen und schlafen, und oben bei dem Throne lag der König und die Königin. Da ging er noch weiter, und alles war so still, dass einer seinen Atem hören konnte, und endlich kam er zu dem Turm und öffnete die Türe zu der kleinen Stube, in welcher Dornröschen schlief. Da lag es und war so schön, dass er die Augen nicht abwenden konnte, und er bückte sich und gab ihm einen Kuss. Wie er es mit dem Kuss berührt hatte, schlug Dornröschen die Augen auf, erwachte und blickte ihn ganz freundlich an. Da gingen sie zusammen herab, und der König erwachte und die Königin und der ganze Hofstaat und sahen einander mit grossen Augen an. Und die Pferde im Hof standen auf und rüttelten sich: die Jagdhunde sprangen und wedelten: die Tauben auf dem Dache zogen das Köpfchen unterm Flügel hervor, sahen umher und flogen ins Feld: die Fliegen an den Wänden krochen weiter: das Feuer in der Küche erhob sich, flackerte und kochte das Essen: der Braten fing an zu brutzeln: und der Koch gab dem Jungen eine Ohrfeige, dass er schrie: und die Magd rupfte das Huhn fertig. Und da wurde die Hochzeit des Königssohns mit dem Dornröschen in aller Pracht gefeiert, und sie lebten vergnügt bis an ihr Ende.

DIE GUTEN FEEN BESCHENKEN DORNRÖSCHEN.

Szenisch-musikalische Aufführung von ‹Dornröschen›

Vorüberlegungen

Beispielhaft zeigt die folgende Aufbereitung des Märchens eine Aufführung von ca. 20 vier- bis sechsjährigen Kindergartenkindern mit szenischen, musikalischen und tänzerischen Elementen. Die Kinder, die das Märchen spielen, werden der Einfachheit halber als ‹Musikkinder› bezeichnet. Die Kostüme beschränken sich auf Hüte für die Feen und Goldpapierkronen für Dornröschen, den Prinzen, den König und die Königin. Das Bühnenbild besteht aus einem grossen, einem paraventähnlichen, selbstständig stehenden Karton mit einer gemalten Wiege auf der Vorderseite und dem Dornröschenschloss auf der Rückseite.

Das allseits bekannte traditionelle Lied ‹Dornröschen war ein schönes Kind› führt wie ein roter Faden durch das Märchengeschehen und ermöglicht durch seinen Bekanntheitsgrad das Mitsingen der zur Aufführung eingeladenen Zuschauerkinder und Eltern. Die vielen Strophen des Liedes verdichten den Verlauf der Geschichte, die sonst für eine Aufführung zu aufwändig wäre. Es muss auch Rücksicht auf die Konzentrationsfähigkeit der aufführenden wie der zuschauenden Kinder genommen werden. Das Lied wird von der Gruppenleiterin mit einer Gitarre oder am Klavier begleitet.

‹Dornröschen war ein schönes Kind› **Musik/Text: mündlich überliefert**

In D-Dur bewegt man sich im Bereich der Kinderstimme und singt nicht zu hoch für eine ungeübte Erwachsenenstimme. Mit einem Glockenspiel oder mit 2 Klangbausteinen kann ein Musikkind einen weiteren musikalischen Farbtupfer spielen:

Eine Sprecherin liest zur Aufführung immer dann den originalen Text der Brüder Grimm vor, wenn das Lied dem Märchen zu wenig Spielraum gibt. Wenn die vielen kleinen Bausteine gut geübt, nach und nach zu einem Ganzen zusammengesetzt werden und die Übergänge gut klappen, wird die Aufführung ca. 15–20 Minuten lang. Alle Bewegungsspiele, die das Geschehen vertiefen, können in der Vorbereitungszeit durchgeführt werden. Die guten Feen, der Prinz zu Pferd, die Prinzessin, die Dornenhecke-Rosenpracht usw. werden zu kurzweiligen Lieblingsspielen. Ob sie als Bausteine in das Märchengeschehen eingefügt werden, hängt davon ab, wie umfangreich die Aufführung werden soll.
Eine Musik auf der Begleit-CD ist nur für den einschlafenden Hofstaat komponiert worden: ‹Einschlafmusik für Dornröschen›, (CD, Track 23). Die Kinder hören sehr schnell heraus, wann sie sich räkeln und strecken, um dann schliesslich einzuschlafen.

Es kann losgehen!

Die Kinder, die die Feen darstellen, stehen hinter dem Bühnenbild bereit. Die anderen Musikkinder gruppieren sich rechts und links seitlich auf der Bühne. So können sie kräftig mitsingen, das Geschehen verfolgen und sich bereithalten, wenn sie mit ihrer Rolle dran sind. Wenn die Gruppenleiterin/Sprecherin die gespannt wartenden Zuschauer begrüsst und zum Mitsingen des bekannten Dornröschenlieds eingeladen hat, kann es endlich losgehen:

Sprecherin: ***«Vorzeiten war ein König und eine Königin, die sprachen jeden Tag: ‹Ach, wenn wir doch ein Kind hätten!›, und kriegten immer keins. Da trug sich zu, als die Königin einmal im Bade sass, dass ein Frosch aus dem Wasser ans Land kroch und zu ihr sprach: ‹Dein Wunsch wird erfüllt werden, ehe ein Jahr vergeht, wirst du eine Tochter zur Welt bringen.› Was der Frosch gesagt hatte, das geschah, und die Königin gebar ein Mädchen, das war so schön, dass der König vor Freude sich nicht zu lassen wusste und ein grosses Fest anstellte.»***

Alle Zuschauerkinder, Musikkinder und Eltern singen gemeinsam die erste Strophe:
«Dornröschen war ein schönes Kind.»

Sprecherin: ***«Er ladete nicht bloss seine Verwandten, Freunde und Bekannten, sondern auch die weisen Frauen dazu ein, damit sie dem Kind hold und gewogen wären. Es waren ihrer dreizehn in seinem Reiche, weil er aber nur zwölf goldene Teller hatte, von welchen sie essen sollten, so musste eine von ihnen daheim bleiben. Das Fest ward mit aller Pracht gefeiert, und als es zu Ende war, beschenkten die weisen Frauen das Kind mit ihren Wundergaben: die eine mit Tugend, die andere mit Schönheit, die dritte mit Reichtum, und so mit allem, was auf der Welt zu wünschen ist.»***

Die Musikkinder stellen die guten Feen dar. Die Kinder haben von zu Hause feine Kleider mitgebracht und sind zusätzlich mit selbst gebastelten Tonpapier-Feenhüten mit Chiffontuchschleier ausgestattet. Sie schreiten zur Musik ‹Gute Fee› (CD, Track 3) um die Kulisse mit der Prinzessinnenwiege und verbeugen sich nach und nach vor dem gemalten kleinen Königskind, um so pantomimisch die Darbietung ihrer guten Wünsche zu zeigen. Die beiden nächsten Strophen werden wieder gemeinsam gesungen:

«Dornröschen nimm dich ja in acht!»
«Da kam die böse Fee herein.»

Das Musikkind, das die böse Fee darstellt, kommt langsam und stolz hinter dem Bühnenbild hervor. Musikalisch wird es dabei von einem weiteren Musikkind unterstützt, das die Spannung z.B. mit Kratz- und Schlaggeräuschen auf einer Handtrommel erhöht.

Die böse Fee singt: ***«Dornröschen, du sollst sterben!»***

Die böse Fee schreitet hinter das Bühnenbild, wieder begleitet von einer bedrohlichen klingenden Trommel. Einen Moment lang sind alle Feen versteinert vor Entsetzen. Doch da kommt die gute Fee hervor. Dazu singen die Musikkinder, Zuschauerkinder und Eltern, zusätzlich begleitet von einer Triangel oder einem Glöckchen: ***«Da kam die gute Fee herein.»***

Die gute Fee singt: ***«Dornröschen schlafe hundert Jahr.»***

Die gute Fee, begleitet von Triangelklängen, geht hinter die Kulisse, nimmt ihren Feenhut ab. Zusammen mit den anderen Feen, die alle unsichtbar für die Zuschauer ihre Hüte abgenommen und sicher verstaut haben, drehen sie die Kulisse mit der Wiege um und das Schloss steht nun in der Mitte der Bühne. Die Kinder, die die Feen dargestellt haben, setzen sich seitlich zu den anderen Musikkindern dazu.

Sprecherin: «***Es geschah, dass an dem Tage, wo es gerade fünfzehn Jahre alt ward, der König und die Königin nicht zu Haus waren und das Mädchen ganz allein im Schloss zurückblieb. Da ging es allerorten herum, besah Stuben und Kammern, wie es Lust hatte, und kam endlich auch an einen alten Turm. Es stieg die enge Wendeltreppe hinauf und gelangte zu einer kleinen Türe. In dem Schloss steckte ein verrosteter Schlüssel, und als es umdrehte, sprang die Türe auf, und sass da in einem kleinen Stübchen eine alte Frau mit einer Spindel und spann emsig ihren Flachs. ‹Guten Tag, du altes Mütterchen›, sprach die Königstochter, ‹was machst du da? › – ‹Ich spinne›, sagte die Alte und nickte mit dem Kopf. – ‹Was ist das für ein Ding, das so lustig herumspringt?›, sprach das Mädchen, nahm die Spindel und wollte auch spinnen. Kaum hatte sie aber die Spindel angerührt, so ging der Zauberspruch in Erfüllung, und sie stach sich damit in den Finger. In dem Augenblick aber, wo sie den Stich empfand, fiel sie auf das Bett nieder, das da stand, und lag in einem tiefen Schlaf. Und dieser Schlaf verbreitete sich über das ganze Schloss: der König und die Königin, die eben heimgekommen waren und in den Saal getreten waren, fingen an einzuschlafen, und der ganze Hofstaat mit ihnen. Da schliefen auch die Pferde im Stall, die Hunde im Hofe, die Tauben auf dem Dache, die Fliegen an der Wand, ja, das Feuer, das auf dem Herd flackerte, ward still und schlief ein, und der Braten hörte auf zu brutzeln, und der Koch, der den Küchenjungen, weil er etwas versehen hatte, in den Haaren ziehen wollte, liess ihn los und schlief. Und der Wind legte sich, und auf den Bäumen vor dem Schloss regte sich kein Blättchen mehr.»***

Die Musikkinder sind in vier Gruppen eingeteilt. Sie zeigen zur ‹Einschlafmusik› (CD, Track 23), wie zur ersten Strophe der König und die Königin mit dem Hofstaat auf die Bühne schreiten, nach dem ‹Stich› gähnen, sich strecken und recken und in einem vorher verabredeten Bereich der Bühne niedersinken und schlafen. Zur zweiten Strophe traben die ‹Pferde› auf die Bühne. Auch sie schlafen nach dem ‹Stich› ein. Ebenso wird es mit den ‹Tauben› und dem Koch und dem Küchenjungen durchgeführt.

Melodie ‹Einschlafmusik für Dornröschen› (CD, Track 23) **Musik: Bernd Sippel**

Form: 4 Takte Vorspiel

AA'	B	C	AA'	B	C'	AA'	B	C	AA'	B	C'
8 Takte	2 Takte	4 Takte rallentando	8 Takte	2 Takte	4 Takte rallentando	8 Takte	2 Takte.	4 Takte rallentando	8 Takte	2 Takte	4 Takte rallentando.

Da die Kinder anschliessend die Dornenhecke spielen, stellen sie das Einschlafen der Schlossbewohner pantomimisch dar, ohne Unterstützung von Requisiten, abgesehen von den Kronen des Königs und der Königin. Die Kronen werden unbemerkt abgenommen, wenn die nächsten Gruppen im Bühnenvordergrund agieren und die Aufmerksamkeit des Publikums auf sich ziehen. Um den Übergang zur Darstellung der Dornenhecke möglichst reibungslos zu gestalten, gruppieren sich die Kleingruppen für ‹Hofstaat›, ‹Pferde›, ‹Tauben› und ‹Koch und Küchenjunge› beim Einschlafen schon so, dass sie die richtige Ausgangsposition für die Dornenhecke haben. Da nun alle Musikkinder schlafend am Boden liegen, singt die Gruppenleiterin mit Unterstützung der Eltern und der Zuschauerkinder die nächste Strophe:

«Da wuchs die Hecke riesengross.»

Die Musikkinder stellen zur Musik (CD, Track 18) die wachsende Dornenhecke wie auf Seite 92 beschrieben dar. In der Hosentasche hat jedes ein zusammengeknülltes rotes oder rosa Chiffontuch, das nun eins nach dem anderen aus den Händen der Musikkinder als Rose erblüht. Sie verharren mit den blühenden Rosen in den Händen.

Sprecherin: ***«Es ging aber die Sage in dem Land von dem schönen schlafenden Dornröschen, denn so ward die Königstochter genannt, also dass von Zeit zu Zeit Königssöhne kamen und durch die Hecke in das Schloss dringen wollten. Es war ihnen aber nicht möglich, denn die Dornen, als hätten sie Hände, hielten fest zusammen, und die Jünglinge blieben darin hängen, konnten sich nicht wieder losmachen und starben eines jämmerlichen Todes.»***

Musikkinder, Zuschauerkinder und Eltern singen gemeinsam:
«Da kam ein junger Königssohn.»

Ein Musikkind stellt den Prinzen zur Musik ‹Prinz zu Pferd›, Kurzversion, (CD, Track 8) dar.

Sprecherin: ***«Nun waren aber gerade die hundert Jahre verflossen, und der Tag war gekommen, wo Dornröschen wieder erwachen sollte. Als der Königssohn sich der Dornenhecke näherte, waren es lauter grosse schöne Blumen, die taten sich von selbst auseinander und liessen ihn unbeschädigt hindurch, und hinter ihm taten sie sich wieder als eine Hecke zusammen.»***

Der Prinz geht durch die ‹Kinderhecke› hindurch und hinter die Kulisse des Schlosses. Musikkinder, Zuschauerkinder und Eltern singen gemeinsam:
«Dornröschen wache wieder auf!»

Sprecherin: ***«Endlich kam er zu dem Turm und öffnete die Türe zu der kleinen Stube, in welcher Dornröschen schlief. Da lag es und war so schön, dass er die Augen nicht abwenden konnte, und er bückte sich und gab ihm einen Kuss. Wie er es mit dem Kuss berührt hatte, schlug Dornröschen die Augen auf, erwachte und blickte ihn ganz freundlich an. Da gingen sie zusammen herab, und der König erwachte und die Königin und der ganze Hofstaat und sahen einander mit grossen Augen an.»***

Dornröschen und der Prinz kommen hinter dem Schloss hervor. Die Hecke löst sich auf, die Chiffontücher verschwinden in den Hosentaschen und die Musikkinder bilden einen Kreis um Dornröschen und den Prinzen. Zur letzten Strophe des Liedes, gesungen von Musikkindern, Zuschauerkindern und Eltern, wird fröhlich geklatscht: ***«Da feierten sie ein Hochzeitsfest.»***

Die Musikkinder tanzen den ‹Lustigen Tanz› (CD, Track 22) mit Dornröschen und dem Prinzen. Er wird ausführlich ab Seite 109 beschrieben. Wenn bei den Probedurchläufen vor der Aufführung deutlich wird, dass die Kinder mit ihrer Konzentrationsfähigkeit sehr an ihre Grenzen kommen, kann die Aufführung auch mit der letzten Strophe des Liedes beendet werden.

Sprecherin: ***«Und sie lebten vergnügt bis an ihr Ende.»***
Alle Mitspieler stellen sich in einer Reihe auf und verbeugen sich vor dem Publikum.

UND SIE LEBTEN VERGNÜGT...

Szenisch-musikalische Aufführung von ‹Dornröschen›

Zu vergebende Rollen: 12 gute Feen, eine böse Fee, Dornröschen und Prinz. Alle Kinder können zeigen, wie der Hofstaat in den Schlaf fällt, die Dornenhecke darstellen und mit dem fröhlichen Tanz das Märchenspiel beenden.

Zusammenfassung des Ablaufs

Die Sprecherin liest Märchentext Teil 1.

Gemeinsames Lied 1. Strophe: ***‹Dornröschen war ein schönes Kind›***

Die Sprecherin liest weiter den Märchentext Teil 2.

Darstellung der guten Feen mit Musik (CD, Track 3).

Gemeinsames Lied, 2. und 3. Strophe:
‹Dornröschen, nimm dich ja in Acht!›
‹Da kam die böse Fee herein.›
Ein Kind stellt die böse Fee dar und singt: ***‹Dornröschen, du sollst sterben!›***

Gemeinsames Lied, 5. Strophe: ***‹Da kam die gute Fee herein.›***

Die gute Fee kommt und singt: ***‹Dornröschen, schlafe hundert Jahr.›***

Die Sprecherin liest den Märchentext Teil 3.

Die Kinder stellen zur Einschlafmusik (CD, Track 23) dar, wie der ganze Hofstaat in den hundertjährigen Schlaf fällt.

Die Kinder spielen die Dornenhecke (CD, Track 18).

Gemeinsam wird die 7. Strophe gesungen: ***‹Da wuchs die Hecke riesengross.›***

Die Sprecherin liest den Märchentext Teil 4.

Die 8. Strophe wird gemeinsam gesungen: ***‹Da kam ein junger Königssohn.›***

Die Sprecherin liest den 5. Teil des Märchentextes vor.

Das Kind, das den Prinzen darstellt, geht durch die Dornenhecke hindurch.

Die 9. Strophe wird gesungen: ***‹Dornröschen, wache wieder auf!›***

Die Sprecherin liest den Märchentext Teil 6.

Dornröschen und der Prinz kommen hinter dem Schloss hervor.

Die 10. Strophe wird gesungen: ***‹Da feierten sie ein Hochzeitsfest.›***

Der ‹Lustiger Tanz› (CD, Track 22) wird aufgeführt.

Die Sprecherin beendet das Märchenspiel mit: ***‹Und sie lebten vergnügt bis an ihr Ende!›***

TRAVELLER CLUB

Hans im Glück

Hans hatte sieben Jahre bei seinem Herrn gedient, da sprach er zu ihm: «Herr, meine Zeit ist herum, nun wollte ich gerne wieder heim zu meiner Mutter, gebt mir meinen Lohn.» Der Herr antwortete: «Du hast mir treu und ehrlich gedient; wie der Dienst war, so soll der Lohn sein», und gab ihm ein Stück Gold, das so gross als Hansens Kopf war. Hans zog sein Tüchlein aus der Tasche, wickelte den Klumpen hinein, setzte ihn auf die Schulter und machte sich auf den Weg nach Haus. Wie er so dahinging und immer ein Bein vor das andere setzte, kam ihm ein Reiter in die Augen, der frisch und fröhlich auf einem muntern Pferd vorbeitrabte. «Ach», sprach Hans ganz laut, «was ist das Reiten ein schönes Ding! Da sitzt einer wie auf einem Stuhl, stösst sich an keinen Stein, spart die Schuh und kommt fort, er weiss nicht wie.» Der Reiter, der das gehört hatte, hielt an und rief: «Ei, Hans, warum läufst du auch zu Fuss?» – «Ich muss ja wohl», antwortete er, «da habe ich einen Klumpen heimzutragen: es ist zwar Gold, aber ich kann den Kopf dabei nicht gerad halten, auch drückt mir's auf die Schulter.» – «Weisst du was», sagte der Reiter, «wir wollen tauschen: ich gebe dir mein Pferd, und du gibst mir deinen Klumpen.» – «Von Herzen gern», sprach Hans, «aber ich sage Euch, Ihr müsst Euch damit schleppen.» Der Reiter stieg ab, nahm das Gold und half dem Hans hinauf, gab ihm die Zügel fest in die Hände und sprach: «Wenn's nun recht geschwind soll gehen, so musst du mit der Zunge schnalzen und hopp hopp rufen.»

Hans war seelenfroh, als er auf dem Pferde sass und so frank und frei dahinritt. Über ein Weilchen fiel's ihm ein, es sollte noch schneller gehen, und fing an, mit der Zunge zu schnalzen und hopp hopp zu rufen. Das Pferd setzte sich in starken Trab, und ehe sich's Hans versah, war er abgeworfen und lag in einem Graben, der die Äcker von der Landstrasse trennte. Das Pferd wäre auch durchgegangen, wenn es nicht ein Bauer aufgehalten hätte, der des Weges kam und eine Kuh vor sich her trieb. Hans suchte seine Glieder zusammen und machte sich wieder auf die Beine. Er war aber verdriesslich und sprach zu dem Bauer: «Es ist ein schlechter Spass, das Reiten, zumal wenn man auf so eine Mähre gerät wie diese, die stösst und einen herabwirft, dass man den Hals brechen kann; ich setze mich nun und nimmermehr wieder auf. Da lob ich mir Eure Kuh, da kann einer mit Gemächlichkeit hinterhergehen und hat obendrein seine Milch, Butter und Käse jeden Tag gewiss. Was gäb ich darum, wenn ich so eine Kuh hätte!» – «Nun», sprach der Bauer, «geschieht Euch so ein grosser Gefallen, so will ich Euch wohl die Kuh für das Pferd vertauschen.» Hans willigte mit tausend Freuden ein: der Bauer schwang sich aufs Pferd und ritt eilig davon. Hans trieb seine Kuh ruhig vor sich her und bedachte den

glücklichen Handel. «Hab ich nur ein Stück Brot, und daran wird mir's doch nicht fehlen, so kann ich, so oft mir's beliebt, Butter und Käse dazu essen; hab ich Durst, so melk ich meine Kuh und trinke Milch. Herz, was verlangst du mehr?» Als er zu einem Wirtshaus kam, machte er Halt, ass in der grossen Freude alles, was er bei sich hatte, sein Mittags- und Abendbrot, rein auf und liess sich für seine letzten paar Heller ein halbes Glas Bier einschenken. Dann trieb er seine Kuh weiter, immer nach dem Dorfe seiner Mutter zu. Die Hitze ward drückender, je näher der Mittag kam, und Hans befand sich in einer Heide, die wohl noch eine Stunde dauerte. Da ward es ihm ganz heiss, so dass ihm vor Durst die Zunge am Gaumen klebte. Dem Ding ist zu helfen, dachte Hans, jetzt will ich meine Kuh melken und mich an der Milch laben. Er band sie an einen dürren Baum, und da er keinen Eimer hatte, so stellte er seine Ledermütze unter, aber wie er sich auch bemühte, es kam kein Tropfen Milch zum Vorschein. Und weil er sich ungeschickt dabei anstellte, so gab ihm das ungeduldige Tier endlich mit einem der Hinterfüsse einen solchen Schlag vor den Kopf, dass er zu Boden taumelte und eine Zeitlang sich gar nicht besinnen konnte, wo er war. Glücklicherweise kam gerade ein Metzger des Weges, der auf einem Schubkarren ein junges Schwein liegen hatte. «Was sind das für Streiche!» rief er und half dem guten Hans auf. Hans erzählte, was vorgefallen war. Der Metzger reichte ihm seine Flasche und sprach: «Da trinkt einmal und erholt Euch. Die Kuh will wohl keine Milch geben, das ist ein altes Tier, das höchstens noch zum Ziehen taugt oder zum Schlachten.» – «Ei, ei», sprach Hans und strich sich die Haare über den Kopf, «wer hätte das gedacht! Es ist freilich gut, wenn man so ein Tier ins Haus abschlachten kann, was gibt's für Fleisch! Aber ich mache mir aus dem Kuhfleisch nicht viel, es ist mir nicht saftig genug. Ja, wer so ein junges Schwein hätte! Das schmeckt anders, dabei noch die Würste.» – «Hört, Hans», sprach da der Metzger, «Euch zuliebe will ich tauschen und will Euch das Schwein für die Kuh lassen.» – «Gott lohn Euch Eure Freundschaft», sprach Hans, übergab ihm die Kuh, liess sich das Schweinchen vom Karren losmachen und den Strick, woran es gebunden war, in die Hand geben.Hans zog weiter und überdachte, wie ihm doch alles nach Wunsch ginge; begegnete ihm je eine Verdriesslichkeit, so würde sie doch gleich wieder gutgemacht. Es gesellte sich danach ein Bursch zu ihm, der trug eine schöne weisse Gans unter dem Arm. Sie boten einander die Zeit, und Hans fing an, von seinem Glück zu erzählen und wie er immer so vorteilhaft getauscht hätte. Der Bursch erzählte ihm, dass er die Gans zu einem Kindtaufschmaus brächte. «Hebt einmal», fuhr er fort und packte sie bei den Flügeln, «wie schwer sie ist; sie ist aber auch acht Wochen lang genudelt worden. Wer in den Braten beisst, muss sich das Fett von beiden Seiten abwischen.» – «Ja», sprach Hans und wog sie mit der einen Hand, «die hat ihr Gewicht, aber mein Schwein ist auch keine Sau.» Indessen sah sich der Bursch nach allen Seiten ganz bedenklich um, schüttelte auch wohl mit dem Kopf. «Hört», fing er darauf an, «mit Eurem Schweine mag's nicht ganz richtig sein. In dem Dorf, durch das ich gekommen bin, ist eben dem Schulzen eins aus dem Stall gestohlen worden. Ich fürchte, ich fürchte, Ihr habt's da in der Hand. Sie haben Leute ausgeschickt, und es wäre ein schlimmer Handel, wenn sie Euch mit dem Schwein erwischten: das geringste ist, dass Ihr ins finstere Loch gesteckt werdet.»

Dem guten Hans ward bang. «Ach Gott», sprach er, «helft mir aus der Not, Ihr wisst hierherum bessern Bescheid, nehmt mein Schwein da und lasst mir Eure Gans.» – «Ich muss schon etwas aufs Spiel setzen», antwortete der Bursche, «aber ich will doch nicht schuld sein, dass Ihr ins Unglück geratet.» Er nahm also das Seil in die Hand und trieb das Schwein schnell auf einem Seitenweg fort: der gute Hans aber ging, seiner Sorgen entledigt, mit der Gans unter dem Arme der Heimat zu. «Wenn ich's recht überlege», sprach er mit sich selbst, «habe ich noch Vorteil bei dem Tausch: erstlich den guten Braten, hernach die Menge von Fett, die herausträufeln wird, das gibt Gänsefettbrot auf ein Vierteljahr: und endlich die schönen weissen Federn, die lass ich mir in mein Kopfkissen stopfen, und darauf will ich wohl ungewiegt einschlafen. Was wird meine Mutter eine Freude haben!» Als er durch das letzte Dorf gekommen war, stand da ein Scherenschleifer mit seinem Karren, sein Rad schnurrte, und er sang dazu:

«Ich schleife die Schere und drehe geschwind
Und hänge mein Mäntelchen nach dem Wind.»

Hans blieb stehen und sah ihm zu; endlich redete er ihn an und sprach: «Euch geht's wohl, weil Ihr so lustig bei Eurem Schleifen seid.» – «Ja», antwortete der Scherenschleifer, «das Handwerk hat einen güldenen Boden. Ein rechter Schleifer ist ein Mann, der, sooft er in die Tasche greift, auch Geld darin findet. Aber wo habt Ihr die schöne Gans gekauft?» – «Die hab ich nicht gekauft, sondern für mein Schwein eingetauscht.» – «Und das Schwein?» – «Das hab ich für eine Kuh gekriegt.» – «Und die Kuh?» – «Die hab ich für ein Pferd bekommen.» – «Und das Pferd?» – «Dafür hab ich einen Klumpen Gold, so gross als mein Kopf, gegeben.» – «Und das Gold?» – «Ei, das war mein Lohn für sieben Jahre Dienst.» – «Ihr habt Euch jederzeit zu helfen gewusst», sprach der Schleifer, «könnt Ihr's nun dahin bringen, dass Ihr das Geld in der Tasche springen hört, wenn Ihr aufsteht, so habt Ihr Euer Glück gemacht.» – «Wie soll ich das anfangen?» sprach Hans. «Ihr müsst ein Schleifer werden wie ich; dazu gehört eigentlich nichts als ein Wetzstein, das andere findet sich schon von selbst. Da hab ich einen, der ist zwar ein wenig schadhaft, dafür sollt Ihr mir aber auch weiter nichts als Eure Gans geben; wollt Ihr das?» – «Wie könnt Ihr noch fragen», antwortete Hans, «ich werde ja zum glücklichsten Menschen auf Erden; habe ich Geld, sooft ich in die Tasche greife, was brauche ich da länger zu sorgen?» reichte ihm die Gans hin und nahm den Wetzstein in Empfang. «Nun», sprach der Schleifer und hob einen gewöhnlichen schweren Feldstein, der neben ihm lag, auf, «da habt Ihr noch einen tüchtigen Stein dazu, auf dem sich's gut schlagen lässt und Ihr Eure alten Nägel geradeklopfen könnt. Nehmt ihn und hebt ihn ordentlich auf.»

Hans lud den Stein auf und ging mit vergnügtem Herzen weiter; seine Augen leuchteten vor Freude. «Ich muss in einer Glückshaut geboren sein», rief er aus, «alles, was ich wünsche, trifft mir ein wie einem Sonntagskind.» Indessen, weil er seit Tagesanbruch auf den Beinen gewesen war, begann er müde zu werden; auch plagte ihn der Hunger, da er allen Vorrat auf einmal in der Freude über die erhandelte Kuh aufgezehrt hatte. Er konnte endlich nur mit Mühe weitergehen und musste jeden Augenblick haltmachen; dabei drückten ihn die Steine ganz erbärmlich. Da konnte er sich des Gedankens nicht erwehren, wie gut es wäre, wenn er sie gerade jetzt nicht zu tragen brauchte. Wie eine Schnecke kam er zu einem Feldbrunnen geschlichen, wollte da ruhen und sich mit einem frischen Trunk laben: damit er aber die Steine im Niedersitzen nicht beschädigte, legte er sie bedächtig neben sich auf den Rand des Brunnens. Darauf setzte er sich nieder und wollte sich zum Trinken bücken; da versah er's, stiess ein klein wenig an, und beide Steine plumpten hinab. Hans, als er sie mit seinen Augen in die Tiefe hatte versinken sehen, sprang vor Freuden auf, kniete dann nieder und dankte Gott mit Tränen in den Augen, dass er ihm auch diese Gnade noch erwiesen und ihn auf eine so gute Art und ohne dass er sich einen Vorwurf zu machen brauchte, von den schweren Steinen befreit hätte, die ihm allein noch hinderlich gewesen wären. «So glücklich wie ich», rief er aus, «gibt es keinen Menschen unter der Sonne.» Mit leichtem Herzen und frei von aller Last sprang er nun fort, bis er daheim bei seiner Mutter war.

‹Hans im Glück› – Gestaltungsideen zur Musik (CD, Track 24)

Vorüberlegungen

In diesem Märchen kommen viele verschiedene Personen und Tiere vor und die Kinder sind leicht zu motivieren, sie darzustellen. Die Musik (CD, Track 24) hilft durch deutliche Signale, sich den Ablauf der Geschichte zu vergegenwärtigen. In einer oder zwei Unterrichtseinheiten können schon wesentliche Inhalte des Märchens kennen gelernt und gespielt werden.

Melodie ‹Hans im Glück› (CD, Track 24) **Musik: Bernd Sippel**

Form: 8 Takte Vorspiel im langsamen Tempo

A	B	B'	A	B	B'	A	B	B'	A	B	B'	A	B	B'	A	B	B'	A
16 T	4T	4 T	16 T	4 T	4 T	16 T	4 T	4 T	16 T	4 T	4 T	16 T	4 T	4 T	16 T	4T	4T	16 T
					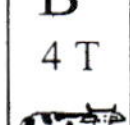				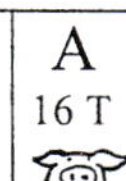		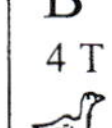	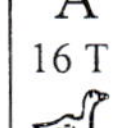		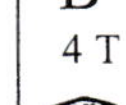	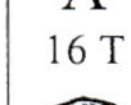		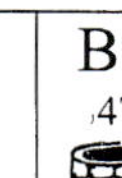	

Die Gruppenleiterin hat den Kindern das Märchen erzählt. Gemeinsam wird wiederholend zusammengetragen, wie Hans seinen Goldklumpen so lange umtauscht, bis er gar nichts mehr hat und sich trotzdem für den glücklichsten Menschen unter der Sonne hält. Über ein Reaktionsspiel werden die Tauschgüter mit einem Instrument oder einem Geräusch verknüpft und die Kinder spielen ein Pferd, wenn sie die Hölzchen, eine Kuh, wenn sie die Glocke, ein Schwein, wenn sie das Grunzen usw. hören. Gemeinsam wird verabredet, wie welches Gut dargestellt wird. Die Tiere sind nicht schwer, aber wie stellt man den Schleifstein dar? Welches Instrument passt zu ihm?

In der Musik (CD, Track 24) erkennen die Kinder diese Instrumente wieder. Manchmal hat sich die Gruppe auch auf andere Instrumente geeinigt. Da muss die Entscheidung des Komponisten toleriert werden. Die Komposition erzählt das ganze Märchen auf ihre besondere Weise. Die Struktur der Geschichte spiegelt sich in dem Ablauf der Musikteile. Erstaunlicherweise sind es nur zwei Motive, mit der die Komposition auskommt: die fröhliche, sorglos gepfiffene Melodie des A-Teils für den glücklichen Hans und die von einem Fagott bestimmten, viel langsameren B-Teile. Im ersten B-Teil werden Hans die belastenden, bedrückenden Seiten des Goldklumpens, des Pferdes, der Kuh, des Schweins, der Gans und des Schleifsteins bewusst. Im zweiten B'-Teil kommt immer nur ein Erkennungszeichen für das eingetauschte Gut dazu: Hufgeklapper für das Pferd, eine Glocke für die Kuh, ein Grunzen für das Schwein usw. Der nächste A-Teil zeigt dann wieder, wie glücklich Hans über seinen Tausch ist. Der folgende Text kann zur Melodie des A-Teils gesungen werden:

‹Ich bin der Hans im Glück› **Musik: Bernd Sippel, Text: Ulrike Meyerholz**

Text für den letzten A-Teil:

Ich bin der Hans, der Hans im Glück.
Ich bin der Hans im Glück!
Drei Schritte vor und zwei zurück.
Ich bin der Hans im Glück.

Wolken, sie ziehn.Wiesen, sie blühn.
Ich bin der Hans, der Hans im Glück.
Frei von Ballast, ganz ohne Hast,
Kehr ich nach Haus zurück, zum Glück!

Zur Musik des B-Teils erzählt die Gruppenleiterin das Märchen frei und kompakt. Alle Kinder stellen alles dar, alle spielen den Hans, der fröhlich zu den A-Teilen seines Weges zieht

... UND FREI VON ALLER LAST.

und den im B-Teil sein frisch erworbenes Gut plötzlich bedrückt oder in ein Missgeschick hineinmanövriert. In den B'-Teilen spielen die Kinder die Tiere und zum Schluss den Schleifstein. Wenn alle ‹Hans-Darsteller› ihren Text ernst nehmen, machen alle an der Stelle ‹drei Schritte vor› tatsächlich drei kleine, schnelle Schritte im Sechzehntel-Tempo vorwärts und bei ‹zwei zurück› zwei Schritte rückwärts wieder im Gehtempo, im Puls der Viertel.

Möchte man das Märchenspiel zur Musik aufführen, hält es 10 Rollen bereit. Die Tiere werden mit kleinen Andeutungen wie Schweineöhrchen oder Chiffontuchflügel erkennbar. Wenn die Gruppenleiterin wieder den Text so verdichtet, dass sie ihn im B-Teil erzählt, agieren die Darsteller pantomimisch zur Musik. Wenn der Hans-Darsteller sich traut, singt er den A-Teil alleine. Sicherlich ist er aber froh über die Unterstützung aller Kinder, die nicht gerade auf der Bühne agieren.

Hänsel und Gretel

Vor einem grossen Walde wohnte ein armer Holzhacker mit seiner Frau und seinen zwei Kindern; das Bübchen hiess Hänsel und das Mädchen Gretel. Er hatte wenig zu beissen und zu brechen, und einmal, als grosse Teuerung ins Land kam, konnte er auch das tägliche Brot nicht mehr schaffen. Wie er sich nun abends im Bette Gedanken machte und sich vor Sorgen herumwälzte, seufzte er und sprach zu seiner Frau: «Was soll aus uns werden? Wie können wir unsere armen Kinder ernähren, da wir für uns selbst nichts mehr haben?» – «Weisst du was, Mann», antwortete die Frau, «wir wollen morgen in aller Frühe die Kinder hinaus in den Wald führen, wo er am dicksten ist: da machen wir ihnen ein Feuer an und geben jedem noch ein Stückchen Brot, dann gehen wir an unsere Arbeit und lassen sie allein. Sie finden den Weg nicht wieder nach Haus, und wir sind sie los.» – «Nein, Frau», sagte der Mann, «das tue ich nicht; wie sollt ich's übers Herz bringen, meine Kinder im Walde allein zu lassen; die wilden Tiere würden bald kommen und sie zerreissen.» – «O du Narr», sagte sie, «dann müssen wir alle viere Hungers sterben, du kannst nur die Bretter für die Särge hobeln», und liess ihm keine Ruhe, bis er einwilligte. «Aber die armen Kinder dauern mich doch», sagte der Mann.

Die zwei Kinder hatten vor Hunger auch nicht einschlafen können und hatten gehört, was die Stiefmutter zum Vater gesagt hatte. Gretel weinte bittere Tränen und sprach zu Hänsel: «Nun ist's um uns geschehen.» – «Still, Gretel», sprach Hänsel, «gräme dich nicht, ich will uns schon helfen.» Und als die Alten eingeschlafen waren, stand er auf, zog sein Röcklein an, machte die Untertüre auf und schlich sich hinaus. Da schien der Mond ganz helle, und die weissen Kieselsteine, die vor dem Haus lagen, glänzten wie lauter Batzen. Hänsel bückte sich und steckte so viel in sein Rocktäschlein, als nur hinein wollten. Dann ging er wieder zurück, sprach zu Gretel: «Sei getrost, liebes Schwesterchen, und schlaf nur ruhig ein, Gott wird uns nicht verlassen», und legte sich wieder in sein Bett.

Als der Tag anbrach, noch ehe die Sonne aufgegangen war, kam schon die Frau und weckte die beiden Kinder: «Steht auf, ihr Faulenzer, wir wollen in den Wald gehen und Holz holen.» Dann gab sie jedem ein Stückchen Brot und sprach: «Da habt ihr etwas für den Mittag, aber esst's nicht vorher auf, weiter kriegt ihr nichts.» Gretel nahm das Brot unter die Schürze, weil Hänsel die Steine in der Tasche hatte. Danach machten sie sich alle zusammen auf den Weg nach dem Wald. Als sie ein Weilchen gegangen waren, stand Hänsel still und guckte nach dem Haus zurück und tat das wieder und immer wieder. Der Vater sprach: «Hänsel, was guckst du da und bleibst zurück, hab acht und vergiss deine Beine nicht.» – «Ach, Vater», sagte Hänsel, «ich sehe nach meinem weissen Kätzchen, das sitzt oben auf dem Dach und will mir Ade sagen.» Die Frau sprach: «Narr, das ist dein Kätzchen nicht, das ist die Morgensonne, die auf den Schornstein scheint.» Hänsel aber hatte nicht nach dem Kätzchen gesehen, sondern immer einen von den blanken Kieselsteinen aus seiner Tasche auf den Weg geworfen.

Als sie mitten in den Wald gekommen waren, sprach der Vater: «Nun sammelt Holz, ihr Kinder, ich will ein Feuer anmachen, damit ihr nicht friert.» Hänsel und Gretel trugen Reisig zusammen, einen kleinen Berg hoch. Das Reisig ward angezündet, und als die Flamme recht hoch brannte, sagte die Frau: «Nun legt euch ans Feuer, ihr Kinder, und ruht euch aus, wir gehen in den Wald und hauen Holz. Wenn wir fertig sind, kommen wir wieder und holen euch ab.»

Hänsel und Gretel sassen am Feuer, und als der Mittag kam, ass jedes sein Stücklein Brot. Und weil sie die Schläge der Holzaxt hörten, so glaubten sie, ihr Vater wäre in der Nähe. Es war aber nicht die Holzaxt, es war ein Ast, den er an einen dürren Baum gebunden hatte und den der Wind hin und her schlug. Und als sie so lange gesessen hatten, fielen ihnen die Augen vor Müdigkeit zu, und sie schliefen fest ein. Als sie endlich erwachten, war es schon finstere Nacht. Gretel fing an zu weinen und sprach: «Wie sollen wir nun aus dem Wald kommen!»

Hänsel aber tröstete sie: «Wart nur ein Weilchen, bis der Mond aufgegangen ist, dann wollen wir den Weg schon finden.» Und als der volle Mond aufgestiegen war, so nahm Hänsel sein Schwesterchen an der Hand und ging den Kieselsteinen nach, die schimmerten wie neugeschlagene Batzen und zeigten ihnen den Weg. Sie gingen die ganze Nacht hindurch und kamen bei anbrechendem Tag wieder zu ihres Vaters Haus. Sie klopften an die Tür, und als die Frau aufmachte und sah, dass es Hänsel und Gretel war, sprach sie: «Ihr bösen Kinder, was habt ihr so lange im Wald geschlafen; wir haben geglaubt, ihr wolltet gar nicht wiederkommen.» Der Vater aber freute sich, denn es war ihm zu Herzen gegangen, dass er sie so allein zurückgelassen hatte.

Nicht lange danach war wieder Not in allen Ecken, und die Kinder hörten, wie die Mutter nachts im Bette zu dem Vater sprach: «Alles ist wieder aufgezehrt, wir haben noch einen halben Laib Brot, hernach hat das Lied ein Ende. Die Kinder müssen fort, wir wollen sie tiefer in den Wald hineinführen, damit sie den Weg nicht wieder heraus finden; es ist sonst keine Rettung für uns.» Dem Mann fiel's schwer aufs Herz, und er dachte: Es wäre besser, dass du den letzten Bissen mit deinen Kindern teiltest. Aber die Frau hörte auf nichts, was er sagte, schalt ihn und machte ihm Vorwürfe. Wer A sagt, muss auch B sagen, und weil er das erstemal nachgegeben hatte, so musste er es auch zum zweitenmal.

Die Kinder waren aber noch wach gewesen und hatten das Gespräch mit angehört. Als die Alten schliefen, stand Hänsel wieder auf, wollte hinaus und Kieselsteine auflesen wie das vorige Mal, aber die Frau hatte die Tür verschlossen, und Hänsel konnte nicht heraus. Aber er tröstete sein Schwesterchen und sprach: «Weine nicht, Gretel, und schlaf nur ruhig, der liebe Gott wird uns schon helfen.»

Am frühen Morgen kam die Frau und holte die Kinder aus dem Bette. Sie erhielten ihr Stückchen Brot, das war aber noch kleiner als das vorige Mal. Auf dem Wege nach dem Wald bröckelte es Hänsel in der Tasche, stand oft still und warf ein Bröcklein auf die Erde. «Hänsel, was stehst du und guckst dich um», sagte der Vater, «geh deiner Wege.» – «Ich sehe nach meinem Täubchen, das sitzt auf dem Dache und will mir Ade sagen», antwortete Hänsel. «Narr», sagte die Frau, «das ist dein Täubchen nicht, das ist die Morgensonne, die auf den Schornstein oben scheint.» Hänsel aber warf nach und nach alle Bröcklein auf den Weg.

Die Frau führte die Kinder noch tiefer in den Wald, wo sie ihr Lebtag noch nicht gewesen waren. Da ward wieder ein grosses Feuer angemacht, und die Mutter sagte: «Bleibt nur da sitzen, ihr Kinder, und wenn ihr müde seid, könnt ihr ein wenig schlafen: wir gehen in den Wald und hauen Holz, und abends, wenn wir fertig sind, kommen wir und holen euch ab.» Als es Mittag war, teilte Gretel ihr Brot mit Hänsel, der sein Stück auf den Weg gestreut hatte. Dann schliefen sie ein, und der Abend verging, aber niemand kam zu den armen Kindern. Sie erwachten erst in der finstern Nacht, und Hänsel tröstete sein Schwesterchen und sagte: «Wart nur, Gretel, bis der Mond aufgeht, dann werden wir die Brotbröcklein sehen, die ich ausgestreut habe, die zeigen uns den Weg nach Haus.» Als der Mond kam, machten sie sich auf, aber sie fanden kein Bröcklein mehr, denn die viel tausend Vögel, die im Walde und im Felde umherfliegen, die hatten sie weggepickt. Hänsel sagte zu Gretel: «Wir werden den Weg schon finden», aber sie fanden ihn nicht. Sie gingen die ganze Nacht und noch einen Tag von Morgen bis Abend, aber sie kamen aus dem Wald nicht heraus und waren so hungrig, denn sie hatten nichts als die paar Beeren, die auf der Erde standen. Und weil sie so müde waren, dass die Beine sie nicht mehr tragen wollten, so legten sie sich unter einen Baum und schliefen ein. Nun war's schon der dritte Mor-

gen, dass sie ihres Vaters Haus verlassen hatten. Sie fingen wieder an zu gehen, aber sie gerieten immer tiefer in den Wald, und wenn nicht bald Hilfe kam, so mussten sie verschmachten. Als es Mittag war, sahen sie ein schönes schneeweisses Vöglein auf einem Ast sitzen, das sang so schön, dass sie stehenblieben und ihm zuhörten. Und als es fertig war, schwang es seine Flügel und flog vor ihnen her, und sie gingen ihm nach, bis sie zu einem Häuschen gelangten, auf dessen Dach es sich setzte, und als sie ganz nah herankamen, so sahen sie, dass das Häuslein aus Brot gebaut war und mit Kuchen gedeckt; aber die Fenster waren von hellem Zucker. «Da wollen wir uns dranmachen», sprach Hänsel, «und eine gesegnete Mahlzeit halten. Ich will ein Stück vom Dach essen, Gretel, du kannst vom Fenster essen, das schmeckt süss.» Hänsel reichte in die Höhe und brach sich ein wenig vom Dach ab, um zu versuchen, wie es schmeckte, und Gretel stellte sich an die Scheiben und knusperte daran. Da rief eine feine Stimme aus der Stube heraus:

«Knusper, knusper, kneischen,
Wer knuspert an meinem Häuschen?»
Die Kinder antworteten:
«Der Wind, der Wind,
Das himmlische Kind»,

und assen weiter, ohne sich irre machen zu lassen. Hänsel, dem das Dach sehr gut schmeckte, riss sich ein grosses Stück davon herunter, und Gretel stiess eine ganze runde Fensterscheibe heraus, setzte sich nieder und tat sich wohl damit. Da ging auf einmal die Türe auf, und eine steinalte Frau, die sich auf eine Krücke stützte, kam herausgeschlichen. Hänsel und Gretel erschraken so gewaltig, dass sie fallen liessen, was sie in den Händen hielten. Die Alte aber wackelte mit dem Kopfe und sprach: «Ei, ihr lieben Kinder, wer hat euch hierher gebracht? Kommt nur herein und bleibt bei mir, es geschieht euch kein Leid.» Sie fasste beide an der Hand und führte sie in ihr Häuschen. Da ward gutes Essen aufgetragen, Milch und Pfannekuchen mit Zucker, Äpfel und Nüsse. Hernach wurden zwei schöne Bettlein weiss gedeckt, und Hänsel und Gretel legten sich hinein und meinten, sie wären im Himmel.
Die Alte hatte sich nur so freundlich angestellt, sie war aber eine böse Hexe, die den Kindern auflauerte, und hatte das Brothäuslein bloss gebaut, um sie herbeizulocken. Wenn eins in ihre Gewalt kam, so machte sie es tot, kochte es und ass es, und das war ihr ein Festtag. Die Hexen haben rote Augen und können nicht weit sehen, aber sie haben eine feine Witterung wie die Tiere und merken's, wenn Menschen herankommen. Als Hänsel und Gretel in ihre Nähe kamen, da lachte sie boshaft und sprach höhnisch: «Die habe ich, die sollen mir nicht wieder entwischen.» Frühmorgens, ehe die Kinder erwacht waren, stand sie schon auf, und als sie beide so lieblich ruhen sah, mit den vollen roten Backen, so murmelte sie vor sich hin: «Das wird ein guter Bissen werden.» Da packte sie Hänsel mit ihrer dürren Hand und trug ihn in einen kleinen Stall und sperrte ihn mit einer Gittertüre ein; er mochte schreien, wie er wollte, es half ihm nichts. Dann ging sie zur Gretel, rüttelte sie wach und rief: «Steh auf, Faulenzerin, trag Wasser und koch deinem Bruder etwas Gutes, der sitzt draussen im Stall und soll fett werden. Wenn er fett ist, so will ich ihn essen.» Gretel fing an, bitterlich zu weinen, aber es war alles vergeblich, sie musste tun, was die böse Hexe verlangte.
Nun ward dem armen Hänsel das beste Essen gekocht, aber Gretel bekam nichts als Krebsschalen. Jeden Morgen schlich die Alte zu dem Ställchen und rief: «Hänsel, streck deine Finger heraus, damit ich fühle, ob du bald fett bist.» Hänsel streckte ihr aber ein Knöchlein heraus, und die Alte, die trübe Augen hatte, konnte es nicht sehen und meinte, es wären Hänsels Finger, und verwunderte sich, dass er gar nicht fett werden wollte. Als vier Wochen herum waren und Hänsel immer mager blieb, da übernahm sie die Ungeduld, und sie wollte nicht länger warten. «Heda, Gretel», rief sie dem Mädchen zu, «sei flink und trag Wasser: Hänsel mag fett oder mager sein, morgen will ich ihn schlachten und kochen.» Ach, wie

jammerte das arme Schwesterchen, als es das Wasser tragen musste, und wie flossen ihm die Tränen über die Backen herunter! «Lieber Gott, hilf uns doch», rief sie aus, «hätten uns nur die wilden Tiere im Wald gefressen, so wären wir doch zusammen gestorben.» – «Spar nur dein Geplärre», sagte die Alte, «es hilft dir alles nichts.»
Frühmorgens musste Gretel heraus, den Kessel mit Wasser aufhängen und Feuer anzünden. «Erst wollen wir backen», sagte die Alte, «ich habe den Backofen schon eingeheizt und den Teig geknetet.» Sie stiess das arme Gretel hinaus zu dem Backofen, aus dem die Feuerflammen schon herausschlugen. «Kriech hinein», sagte die Hexe, «und sieh zu, ob recht eingeheizt ist, damit wir das Brot hineinschieben können.» Und wenn Gretel darin war, wollte sie den Ofen zumachen, und Gretel sollte darin braten, und dann wollte sie's auch aufessen. Aber Gretel merkte, was sie im Sinn hatte, und sprach: «Ich weiss nicht, wie ich's machen soll; wie komm ich da hinein?» – «Dumme Gans», sagte die Alte, «die Öffnung ist gross genug, siehst du wohl, ich könnte selbst hinein», krabbelte heran und steckte den Kopf in den Backofen. Da gab ihr Gretel einen Stoss, dass sie weit hineinfuhr, machte die eiserne Tür zu und schob den Riegel vor. Hu! Da fing sie an zu heulen, ganz grauselig; aber Gretel lief fort, und die gottlose Hexe musste elendiglich verbrennen.
Gretel aber lief schnurstracks zum Hänsel, öffnete sein Ställchen und rief: «Hänsel, wir sind erlöst, die alte Hexe ist tot.» Da sprang Hänsel heraus wie ein Vogel aus dem Käfig, wenn ihm die Türe aufgemacht wird. Wie haben sie sich gefreut, sind sich um den Hals gefallen, sind herumgesprungen und haben sich geküsst! Und weil sie sich nicht mehr zu fürchten brauchten, so gingen sie in das Haus der Hexe hinein, da standen in allen Ecken Kasten mit Perlen und Edelsteinen. «Die sind noch besser als Kieselsteine», sagte Hänsel und steckte in seine Taschen, was hinein wollte, und Gretel sagte: «Ich will auch etwas mit nach Haus bringen», und füllte sich sein Schürzchen voll. «Aber jetzt wollen wir fort», sagte Hänsel, «damit wir aus dem Hexenwald herauskommen.» Als sie aber ein paar Stunden gegangen waren, gelangten sie an ein grosses Wasser. «Wir können nicht hinüber», sprach Hänsel, «ich seh keinen Steg und keine Brücke.» – «Hier fährt auch kein Schiffchen», antwortete Gretel, «aber da schwimmt eine weisse Ente; wenn ich die bitte, so hilft sie uns hinüber.» Da rief sie:

«Entchen, Entchen,
Da steht Gretel und Hänsel.
Kein Steg und keine Brücke,
Nimm uns auf deinen weissen Rücken.»

Das Entchen kam auch heran, und Hänsel setzte sich auf und bat sein Schwesterchen, sich zu ihm zu setzen. «Nein», antwortete Gretel, «es wird dem Entchen zu schwer, es soll uns nacheinander hinüberbringen.» Das tat das gute Tierchen, und als sie glücklich drüben waren und ein Weilchen fortgingen, da kam ihnen der Wald immer bekannter und immer bekannter vor, und endlich erblickten sie von weitem ihres Vaters Haus. Da fingen sie an zu laufen, stürzten in die Stube hinein und fielen ihrem Vater um den Hals. Der Mann hatte keine frohe Stunde gehabt, seitdem er die Kinder im Walde gelassen hatte, die Frau aber war gestorben. Gretel schüttelte sein Schürzchen aus, dass die Perlen und Edelsteine in der Stube herumsprangen, und Hänsel warf eine Handvoll nach der ändern aus seiner Tasche dazu. Da hatten alle Sorgen ein Ende, und sie lebten in lauter Freude zusammen. Mein Märchen ist aus, dort lauft eine Maus, wer sie fängt, darf sich eine grosse grosse Pelzkappe daraus machen.

KNUSPER, KNUSPER ...

Szenisch-musikalische Aufführung von ‹Hänsel und Gretel›

Vorüberlegungen

Das bekannte Lied ‹Hänsel und Gretel verirrten sich im Wald› stellt wieder den roten Faden durch die Märchenhandlung dar; am Ende sind zwei neue Strophen dazugekommen. Die Geschichte bietet nicht genug kindgerechte Rollen für eine Kindergarten- oder Grundschulgruppe. Da in diesem Alter aber alle Kinder gerne auf der Bühne stehen und mitwirken wollen, bekommen die Vögel, die in dem Märchen öfter vorkommen, in diesem Vorschlag für eine Aufführung mehr Gewicht. Mit einem Schnabelhut aus einer Schirmmütze und zwei Chiffontuchflügeln ausgestattet, sind sie ein wichtiger Teil im Ablauf, singen kommentierend sämtliche Strophen des Liedes und schmücken es mit deutlichen Gesten aus.

Die Gretel und der Hänsel statten sich unaufwändig zu Hause mit entsprechender Kleidung aus und die Hexe kann von einer Kollegin oder einem Kollegen dargestellt werden, wenn die Kinder sich nicht trauen, sie zu spielen. Sie muss eigentlich nicht gross in Erscheinung treten, nur das ‹Knusper, knusper, Knäuschen› singen und mit ihrer Hand die Kinder ins Hexenhaus locken.

Für die Kulisse empfiehlt sich ein grosser Faltkarton aus einem Möbelhaus, der selbstständig steht. Auf der einen Seite ist ein Wald und auf der anderen Seite das Lebkuchenhaus gemalt. Zwei auf Karton gemalte und ausgeschnittene Lebkuchen werden mit Klettband am Hexenhaus befestigt. So können die Kinder sich einen Lebkuchen nehmen und ihn spielend essen. In die Kulisse kann problemlos eine Tür geschnitten werden, die sich in ihren Angeln bewegen lässt und durch die Hänsel und Gretel das Hexenhaus betreten.

Eine Sprecherin liest den Text aus einem grossen Märchenbuch vor und hält das ganze Bühnengeschehen zusammen. Der Text ist zum grössten Teil original aus dem Märchen der

Gebrüder Grimm übernommen, für die Aufführung jedoch so gekürzt, dass er sich mit dem Lied zu einer runden Geschichte ergänzt. In der Vorbereitungszeit sollte das Märchen immer wieder in seiner Gesamtheit erzählt oder vorgelesen werden. Es beschäftigt die Kinder sehr, dass die Eltern Hänsel und Gretel allein im Wald zurücklassen. Auch über die Hexe muss ausführlich gesprochen werden. Das Faszinierende und das Abstossende an dieser Märchenfigur kann über die Anregungen aus dem Kapitel ‹Hexe› (s. S. 27) nachempfunden und verarbeitet werden.

Es kann losgehen!

Sprecherin: ***«Vor einem grossen Walde wohnte ein armer Holzhacker mit seiner Frau und seinen zwei Kindern; das Bübchen hiess Hänsel und das Mädchen Gretel. Als eines Tages das Brot nur noch für einen Tag reichte, sagte die Stiefmutter zu dem Vater: ‹Wir wollen morgen in aller Frühe die Kinder hinaus in den Wald führen. Dann gehen wir an unsere Arbeit und lassen sie allein. Sie finden den Weg nicht mehr nach Haus und wir sind sie los.› ‹Nein, Frau›, sagte der Mann, ‹das tue ich nicht.› Die Stiefmutter aber liess ihm keine Ruhe, bis er einwilligte. Die zwei Kinder hatten vor Hunger auch nicht einschlafen können und hatten gehört, was die Stiefmutter zum Vater gesagt hatte. Hänsel schlich zur Türe hinaus und sammelte weisse Kieselsteine in seine Hosentasche. Als der Tag anbrach, kam schon die Frau und weckte die Kinder. Sie machten sich alle zusammen auf den Weg nach dem Wald. Hänsel hatte immer einen von den blanken Kieselsteinen auf den Weg geworfen. Die Kinder trugen im Wald Reisig zusammen, einen kleinen Berg hoch. Das Reisig ward angezündet. Hänsel und Gretel sassen um das Feuer und als sie so lange gesessen hatten, fielen ihnen die Augen vor Müdigkeit zu. Als sie endlich erwachten, war es schon finstere Nacht. Und als der Mond aufgegangen war, gingen sie den schimmernden Kieselsteinen nach bis zu ihres Vaters Haus.***

Nicht lange danach war wieder Not in allen Ecken und die Kinder hörten, wie die Mutter nachts im Bett zum Vater sprach: ‹Wir haben noch einen halben Laib Brot, die Kinder müssen fort!› Hänsel wollte wieder hinaus, Kieselsteine auflesen, aber die Frau hatte die Tür verschlossen und Hänsel konnte nicht heraus. Am frühen Morgen warf Hänsel auf dem Wege nach dem Wald nach und nach ein Bröcklein Brot auf die Erde.

Hänsel und Gretel kommen hinter der Kulisse ‹Wald› hervor, Hänsel wirft pantomimisch Brotstückchen auf den Weg. Die beiden Kinder gähnen, recken und strecken sich, legen sich langsam auf den Boden und schlafen ein.

Vögel kommen von allen Seiten auf die Bühne geflattert und picken pantomimisch die Brotkrümel auf. Sie ‹fliegen› zu einer lustigen Blockflötenmelodie der Gruppenleiterin und ‹picken› zu Holzblocktrommelschlägen die Brotkrümel auf.

Hänsel und Gretel wachen auf und schauen sich um. Die Vögel fliegen hinter die seitlichen Baumkulissen.

Gretel: ***«Oh weh, die Vögel haben alles aufgepickt, wie sollen wir nach Hause finden?»***
Hänsel: ***«Wir werden den Weg schon finden!»***

Hänsel und Gretel gehen ab, bleiben hinter einer Baumkulisse. Die Vögel kommen geflattert und sprechen rhythmisch:
«Sie finden nicht nach Hause! Wir müssen ihnen helfen!» (2x)

Die Vögel singen und gestikulieren:

‹Hänsel und Gretel› **Musik/Text: mündlich überliefert**

Bei ***«Es war so finster und auch so bitterkalt.»*** reiben sich die Vogelkinder die Schultern. Die Kulisse ‹Wald› wird umgedreht, das Lebkuchenhaus erscheint, während die Vögel weitersingen:
«Sie kamen an ein Häuschen mit Pfefferkuchen fein.» (Mit Händen ein Dach zeigen und sich den Bauch reiben) Hänsel und Gretel kommen hervor und knuspern an dem Hexenhaus.
«Wer mag der Herr wohl von diesem Häuschen sein?» (2x)

Die Hexe singt im Hexenhaus:
‹Knusper, knusper, knäuschen› **Musik: volkstümlich /Text: nach Gebrüder Grimm**

Hänsel und Gretel antworten singend:

Die Vögel singen und gestikulieren:
«Huhu, da schaut eine alte Hexe raus.
Sie lockt die Kinder ins Pfefferkuchenhaus. (Mit dem Zeigefinger locken)
Sie tat mit ihnen freundlich, als hätt es keine Not. (Mit dem Kopf wackeln)
Wollte sie braten und essen dann mit Brot.» (2x)

Die Hexentür öffnet sich leicht und man sieht den Hexenfinger die Kinder locken. Hänsel und Gretel gehen ins Häuschen hinein.
Die Vögel kommen wieder auf die Bühne und flattern um das Haus herum. Sie stampfen zur Trommel dreimal auf den Boden und rufen gemeinsam im gleichen Rhythmus:

«Die Hexe ist gemein, sperrt Hänsel in den Käfig ein!
Die Hexe ist gemein, sperrt Hänsel in den Käfig ein!»

VÖGEL FLATTERN ...

... UND PICKEN DIE BROTKRUMEN AUF

... LOCKT DIE KINDER INS PFEFFERKUCHENHAUS

... WARD SIE GESTOSSEN VON UNSEREM GRETELEIN

Die Vögel flattern hinter die seitlichen Baumkulissen.

Sprecherin: «***Nun ward dem armen Hänsel das beste Essen gekocht, aber Gretel bekam nichts als Krebsschalen. Jeden Morgen schlich die Alte zu dem Ställchen und rief: ‹Hänsel, streck deine Finger heraus, damit ich fühle, ob du bald fett bist.› Hänsel streckte ihr aber ein Knöchlein heraus und die Hexe verwunderte sich, dass er gar nicht fett werden wollte.»***

Die Vögel kommen geflattert und singen:
«Doch als die Hexe zum Ofen schaut hinein,
Ward sie gestossen von unsrem Gretelein. (Kräftig mit den Händen stossen)
Die Hexe musste braten, ach, endlich war sie tot.
Hänsel und Gretel, ein Ende hat die Not! (2x)

Dann gingen beide ins Hexenhaus hinein,
Fanden dort Perlen und Gold und Edelstein.»

Hänsel und Gretel kommen mit Schatzkistchen mit Perlenketten aus dem Hexenhaus heraus, während die Vögel weitersingen:
«Sie nahmen davon reichlich und gingen dann nach Haus.
Nun ist das Märchen von Hänsel und Gretel aus.» (2x)

Die Vögel zeigen Hänsel und Gretel den Weg, indem sie vorneweg flattern, begleitet von Vogelpfeifen oder einer fröhlichen Blockflötenmelodie.

Szenisch-musikalische Aufführung von ‹Hänsel und Gretel›

Zu vergebende Rollen: Hänsel, Gretel, die Hexe. Alle Kinder können die Vögel darstellen und singend die Handlung kommentieren.

Zusammenfassung des Ablaufs:

Die Sprecherin liest Märchentext Teil 1.

Hänsel und Gretel kommen hinter der Kulisse ‹Wald› hervor, Hänsel wirft pantomimisch Brotstückchen auf den Weg. Die beiden Kinder legen sich schlafen.

Vögel kommen auf die Bühne geflattert und picken pantomimisch die Brotkrümel auf.

Hänsel und Gretel wachen auf und schauen sich um. Die Vögel fliegen hinter die seitlichen Baumkulissen.

Gretel: «***Oh weh, die Vögel haben alles aufgepickt, wie sollen wir nach Hause finden?»***
Hänsel: ***«Wir werden den Weg schon finden!»***

Hänsel und Gretel gehen ab. Die Vögel kommen geflattert, sprechen rhythmisch:
«Sie finden nicht nach Hause! Wir müssen ihnen helfen!» (2x)

Die Vögel singen und gestikulieren:
«***Hänsel und Gretel verirrten sich im Wald. Es war so finster und auch so bitter kalt.***»

Die Kulisse ‹Wald› wird umgedreht, das Lebkuchenhaus erscheint. Die Vögel singen weiter:
«Sie kamen an ein Häuschen mit Pfefferkuchen fein.»

Hänsel und Gretel kommen hervor und knuspern an dem Hexenhaus, während die Vögel weiter singen: ***«Wer mag der Herr wohl von diesem Häuschen sein?» (2x)***

Die Hexe singt im Hexenhaus: ***«Knusper, knusper Knäuschen, wer knuspert an mein'm Häuschen?»*** Hänsel und Gretel antworten singend: ***«Der Wind, der Wind, das himmlische Kind!»***

Die Vögel singen und gestikulieren:
«Huhu, da schaut eine alte Hexe raus.
Sie lockt die Kinder ins Pfefferkuchenhaus.
Sie tat mit ihnen freundlich, als hätt es keine Not.
Wollte sie braten und essen dann mit Brot.» (2x)

Die Hexe lockt die Kinder ins Haus. Hänsel und Gretel gehen hinein.
Die Vögel flattern um das Haus herum und sprechen rhythmisch:
«Die Hexe ist gemein, sperrt Hänsel in den Käfig ein!»(2x)

Die Vögel flattern hinter die seitlichen Baumkulissen.

Die Sprecherin liest Märchentext Teil 2. Die Vögel kommen geflattert und singen:
«Doch als die Hexe zum Ofen schaut hinein,
Ward sie gestossen von unsrem Gretelein.
Die Hexe musste braten, ach, endlich war sie tot.
Hänsel und Gretel, ein Ende hat die Not! (2x)
Dann gingen beide ins Hexenhaus hinein,
Fanden dort Perlen und Gold und Edelstein.»

Hänsel und Gretel kommen mit Schatzkistchen mit Perlenketten aus dem Hexenhaus heraus.
«Sie nahmen davon reichlich und gingen dann nach Haus.
Nun ist das Märchen von Hänsel und Gretel aus.» (2x)

Die Vögel zeigen Hänsel und Gretel den Weg nach Hause.

Schneewittchen

Es war einmal mitten im Winter, und die Schneeflocken fielen wie Federn vom Himmel herab, da sass eine Königin an einem Fenster, das einen Rahmen von schwarzem Ebenholz hatte, und nähte. Und wie sie so nähte und nach dem Schnee aufblickte, stach sie sich mit der Nadel in den Finger, und es fielen drei Tropfen Blut in den Schnee. Und weil das Rote im weissen Schnee so schön aussah, dachte sie bei sich: Hätt ich ein Kind so weiss wie Schnee, so rot wie Blut und so schwarz wie das Holz an dem Rahmen. Bald darauf bekam sie ein Töchterlein, das war so weiss wie Schnee, so rot wie Blut und so schwarzhaarig wie Ebenholz, und ward darum das Schneewittchen genannt. Und wie das Kind geboren war, starb die Königin.
Über ein Jahr nahm sich der König eine andere Gemahlin. Es war eine schöne Frau, aber sie war stolz und übermütig und konnte nicht leiden, dass sie an Schönheit von jemand sollte übertroffen werden. Sie hatte einen wunderbaren Spiegel; wenn sie vor den trat und sich darin beschaute, sprach sie:

«Spieglein, Spieglein an der Wand, wer ist die Schönste im ganzen Land?»
so antwortete der Spiegel: «Frau Königin, Ihr seid die Schönste im Land.»

Da war sie zufrieden, denn sie wusste, dass der Spiegel die Wahrheit sagte.
Schneewittchen aber wuchs heran und wurde immer schöner, und als es sieben Jahr alt war, war es so schön wie der klare Tag und schöner als die Königin selbst. Als diese einmal ihren Spiegel fragte:

«Spieglein, Spieglein an der Wand, wer ist die Schönste im ganzen Land?»
so antwortete er: «Frau Königin, Ihr seid die Schönste hier; aber Schneewittchen ist tausendmal schöner als Ihr.»

Da erschrak die Königin und ward gelb und grün vor Neid. Von Stund an, wenn sie Schneewittchen erblickte, kehrte sich ihr das Herz im Leibe herum, so hasste sie das Mädchen. Und der Neid und Hochmut wuchsen wie ein Unkraut in ihrem Herzen immer höher, dass sie Tag und Nacht keine Ruhe mehr hatte. Da rief sie einen Jäger und sprach: «Bring das Kind hinaus in den Wald, ich will's nicht mehr vor meinen Augen sehen. Du sollst es töten und mir Lunge und Leber zum Wahrzeichen mitbringen.» Der Jäger gehorchte und führte es hinaus, und als er den Hirschfänger gezogen hatte und Schneewittchens unschuldiges Herz durchbohren wollte, fing es an zu weinen und sprach: «Ach, lieber Jäger, lass mir mein Leben; ich will in den wilden Wald laufen und nimmermehr wieder heimkommen.» Und weil es so schön war, hatte der Jäger Mitleiden und sprach: «So lauf hin, du armes Kind.» – Die wilden Tiere werden dich bald gefressen haben, dachte er, und doch war's ihm, als wär ein Stein von seinem Herzen gewälzt, weil er es nicht zu töten brauchte. Und als gerade ein junger Frischling dahergesprungen kam, stach er ihn ab, nahm Lunge und Leber heraus und brachte sie als Wahrzeichen der Königin mit. Der Koch musste sie in Salz kochen, und das boshafte Weib ass sie auf und meinte, sie hätte Schneewittchens Lunge und Leber gegessen.
Nun war das arme Kind in dem grossen Wald mutterselig allein, und ward ihm so angst, dass es alle Blätter an den Bäumen ansah und nicht wusste, wie es sich helfen sollte. Da fing es an zu laufen und lief über die spitzen Steine und durch die Dornen, und die wilden Tiere sprangen an ihm vorbei, aber sie taten ihm nichts. Es lief, solange nur die Füsse noch fortkonnten, bis es bald Abend werden wollte; da sah es ein kleines Häuschen und ging hinein, sich zu ruhen. In dem Häuschen war alles klein, aber so zierlich und reinlich, dass es nicht zu sagen ist. Da stand ein weissgedecktes Tischlein mit sieben kleinen Tellern, jedes Tellerlein mit seinem Löffelein, ferner sieben Messerlein und Gäblein und sieben Becherlein. An der Wand waren sieben Bettlein nebeneinander aufgestellt und schneeweisse Laken darübergedeckt. Schneewittchen, weil es so hungrig und durstig war, ass von jedem Tellerlein ein wenig Gemüs und Brot und trank aus jedem Becherlein einen Tropfen Wein; denn es wollte nicht einem allein alles wegnehmen. Hernach, weil es so müde war, legte es sich in ein Bettchen, aber keins passte; das eine war zu lang, das andere zu kurz, bis endlich das siebente recht war: und darin blieb es liegen, befahl sich Gott und schlief ein.
Als es ganz dunkel geworden war, kamen die Herren von dem Häuslein, das waren die sieben Zwerge, die in den Bergen nach Erz hackten und gruben. Sie zündeten ihre sieben Lichtlein an, und wie es nun hell im Häuslein ward, sahen sie, dass jemand darin gewesen war, denn es stand nicht alles so in der Ordnung, wie sie es verlassen hatten. Der erste sprach: «Wer hat auf meinem Stühlchen gesessen?»

Der zweite: «Wer hat von meinem Tellerchen gegessen?» Der dritte: «Wer hat von meinem Brötchen genommen?» Der vierte: «Wer hat von meinem Gemüschen gegessen?» Der fünfte: «Wer hat mit meinem Gäbelchen gestochen?» Der sechste: «Wer hat mit meinem Messerchen geschnitten?» Der siebente: «Wer hat aus meinem Becherlein getrunken?» Dann sah sich der erste um und sah, dass auf seinem Bett eine kleine Delle war, da sprach er: «Wer hat in mein Bettchen getreten?» Die andern kamen gelaufen und riefen: «In meinem hat auch jemand gelegen.» Der siebente aber, als er in sein Bett sah, erblickte Schneewittchen, das lag darin und schlief. Nun rief er die andern, die kamen herbeigelaufen und schrien vor Verwunderung, holten ihre sieben Lichtlein und beleuchteten Schneewittchen. «Ei, du mein Gott! Ei, du mein Gott!» riefen sie, «was ist das Kind so schön!», und hatten so grosse Freude, dass sie es nicht aufweckten, sondern im Bettlein fortschlafen liessen. Der siebente Zwerg aber schlief bei seinen Gesellen, bei jedem eine Stunde, da war die Nacht herum.
Als es Morgen war, erwachte Schneewittchen, und wie es die sieben Zwerge sah, erschrak es. Sie waren aber freundlich und fragten: «Wie heisst du?» – «Ich heisse Schneewittchen», antwortete es. «Wie bist du in unser Haus gekommen?» sprachen weiter die Zwerge. Da erzählte es ihnen, dass seine Stiefmutter es hätte wollen umbringen lassen, der Jäger hätte ihm aber das Leben geschenkt, und da war es gelaufen den ganzen Tag, bis es endlich ihr Häuslein gefunden hätte. Die Zwerge sprachen: «Willst du unsern Haushalt versehen, kochen, betten, waschen, nähen und stricken, und willst du alles ordentlich und reinlich halten, so kannst du bei uns bleiben, und es soll dir an nichts fehlen.» – «Ja», sagte Schneewittchen, «von Herzen gern», und blieb bei ihnen. Es hielt ihnen das Haus in Ordnung: Morgens gingen sie in die Berge und suchten Erz und Gold, abends kamen sie wieder, und da musste ihr Essen bereit sein. Den Tag über war das Mädchen allein; da warnten es die guten Zwerglein und sprachen: «Hüte dich vor deiner Stiefmutter, die wird bald wissen, dass du hier bist; lass ja niemand herein.»
Die Königin aber, nachdem sie Schneewittchens Lunge und Leber glaubte gegessen zu haben, dachte nicht anders, als sie wäre wieder die Erste und Allerschönste, trat vor ihren Spiegel und sprach:

«Spieglein, Spieglein an der Wand, wer ist die Schönste im ganzen Land?»
Da antwortete der Spiegel: «Frau Königin, Ihr seid die Schönste hier, aber Schneewittchen über den Bergen bei den sieben Zwergen ist noch tausendmal schöner als Ihr.»

Da erschrak sie, denn sie wusste, dass der Spiegel keine Unwahrheit sprach, und merkte, dass der Jäger sie betrogen hatte und Schneewittchen noch am Leben war. Und da sann und sann sie aufs neue, wie sie es umbringen wollte; denn solange sie nicht die Schönste war im ganzen Land, liess ihr der Neid keine Ruhe. Und als sie sich endlich etwas ausgedacht hatte, färbte sie sich das Gesicht und kleidete sich wie eine alte Krämerin und war ganz unkenntlich. In dieser Gestalt ging sie über die sieben Berge zu den sieben Zwergen, klopfte an die Türe und rief: «Schöne Ware feil! feil!» Schneewittchen guckte zum Fenster heraus und rief: «Guten Tag, liebe Frau, was habt Ihr zu verkaufen?» – «Gute Ware, schöne Ware», antwortete sie, «Schnürriemen von allen Farben», und holte einen hervor, der aus bunter Seide geflochten war. Die ehrliche Frau kann ich hereinlassen, dachte Schneewittchen, riegelte die Türe auf und kaufte sich den hübschen Schnürriemen. «Kind», sprach die Alte, «wie du aussiehst! Komm, ich will dich einmal ordentlich schnüren.» Schneewittchen hatte kein Arg, stellte sich vor sie und liess sich mit dem neuen Schnürriemen schnüren: aber die Alte schnürte geschwind und schnürte so fest, dass dem Schneewittchen der Atem verging und es für tot hinfiel. «Nun bist du die Schönste gewesen», sprach sie und eilte hinaus.
Nicht lange darauf, zur Abendzeit, kamen die sieben Zwerge nach Haus; aber wie erschraken sie, als sie ihr liebes Schneewittchen auf der Erde liegen sahen; und es regte und bewegte sich nicht, als wäre es tot. Sie hoben es in die Höhe, und weil sie sahen, dass es zu fest geschnürt war, schnitten sie den Schnürriemen entzwei: da fing es an, ein wenig zu atmen, und ward nach und nach wieder lebendig. Als die Zwerge hörten, was geschehen war, sprachen sie: «Die alte Krämerfrau war niemand als die gottlose Königin: hüte dich und lass keinen Menschen herein, wenn wir nicht bei dir sind.»
Das böse Weib aber, als es nach Haus gekommen war, ging vor den Spiegel und fragte:

«Spieglein, Spieglein an der Wand, wer ist die Schönste im ganzen Land?»
Da antwortete er wie sonst: «Frau Königin, Ihr seid die Schönste hier, aber Schneewittchen über den Bergen bei den sieben Zwergen ist noch tausendmal schöner als Ihr.»

Als sie das hörte, lief ihr alles Blut zum Herzen, so erschrak sie, denn sie sah wohl, dass Schneewittchen wieder lebendig geworden war. «Nun aber», sprach sie, «will ich etwas aussinnen, das dich zugrunde richten soll», und mit Hexenkünsten, die sie verstand, machte sie einen giftigen Kamm. Dann verkleidete sie sich und nahm die Gestalt eines andern alten Weibes an. So ging sie hin über die sieben Berge zu den sieben Zwergen, klopfte an die Türe und rief: «Gute Ware feil! feil!» Schneewittchen schaute heraus und sprach: «Geht nur weiter, ich darf niemand hereinlassen.» – «Das Ansehen wird dir doch erlaubt sein», sprach die Alte, zog den giftigen Kamm heraus und hielt ihn in die Höhe. Da gefiel er dem Kinde so gut, dass es sich betören liess und die Türe öffnete. Als sie des Kaufs einig waren, sprach die Alte: «Nun will ich dich einmal ordentlich kämmen.» Das arme Schneewittchen dachte an nichts und liess die Alte gewähren; aber kaum hatte sie den Kamm in die Haare gesteckt, als das Gift darin wirkte und das Mädchen ohne Besinnung niederfiel. «Du Ausbund von Schönheit», sprach das boshafte Weib, «jetzt ist's um dich geschehen», und ging fort. Zum Glück aber war es bald Abend, wo die sieben Zwerglein nach Haus kamen. Als sie Schneewittchen wie tot auf der Erde liegen sahen, hatten sie gleich die Stiefmutter in Verdacht, suchten nach und fanden den giftigen Kamm, und kaum hatten sie ihn herausgezogen, so kam Schneewittchen wieder zu sich und erzählte, was vorgegangen war. Da warnten sie es noch einmal, auf seiner Hut zu sein und niemand die Türe zu öffnen.
Die Königin stellte sich daheim vor den Spiegel und sprach:

«Spieglein, Spieglein an der Wand, wer ist die Schönste im ganzen Land?»
Da antwortete er wie vorher: «Frau Königin, Ihr seid die Schönste hier, aber Schneewittchen über den Bergen bei den sieben Zwergen ist noch tausendmal schöner als Ihr.»

Als sie den Spiegel so reden hörte, zitterte und bebte sie vor Zorn. «Schneewittchen soll sterben», rief sie, «und wenn es mein eigenes Leben kostet.» Darauf ging sie in eine ganz verborgene einsame Kammer, wo niemand hinkam, und machte da einen giftigen, giftigen Apfel. Äusserlich sah er schön aus, weiss mit roten Backen, dass jeder, der ihn erblickte, Lust danach bekam; aber wer ein Stückchen davon ass, der musste sterben. Als der Apfel fertig war, färbte sie sich das Gesicht und verkleidete sich in eine Bauersfrau, und so ging sie über die sieben Berge zu den sieben Zwergen. Sie klopfte an, Schneewittchen streckte den Kopf zum Fenster heraus und sprach: «Ich darf keinen Menschen einlassen, die sieben Zwerge haben mir's verboten.» – «Mir auch recht», antwortete die Bäurin, «meine Äpfel will ich schon loswerden. Da, einen will ich dir schenken.» – «Nein», sprach Schneewittchen, «ich darf nichts annehmen.» – «Fürchtest du dich vor Gift?» sprach die Alte, «siehst du, da schneide ich den Apfel in zwei Teile; den roten Backen iss du, den weissen will ich essen.» Der Apfel war aber so künstlich gemacht, dass der rote Backen allein vergiftet war. Schneewittchen lusterte den schönen Apfel an, und als es sah, dass die Bäurin davon ass, so konnte es nicht länger widerstehen, streckte die Hand hinaus und nahm die giftige Hälfte. Kaum aber hatte es einen Bissen davon im Mund, so fiel es tot zur Erde nieder. Da betrachtete es die Königin mit grausigen Blicken und lachte überlaut und sprach: «Weiss wie Schnee, rot wie Blut, schwarz wie Ebenholz! Diesmal können dich die Zwerge nicht wieder erwecken.» Und als sie daheim den Spiegel befragte:

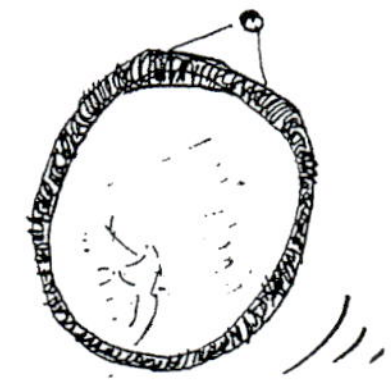

«Spieglein, Spieglein an der Wand, wer ist die Schönste im ganzen Land?»
so antwortete er endlich: «Frau Königin, Ihr seid die Schönste im Land.»

Da hatte ihr neidisches Herz Ruhe, so gut ein neidisches Herz Ruhe haben kann.
Die Zwerglein, wie sie abends nach Haus kamen, fanden Schneewittchen auf der Erde liegen, und es ging kein Atem mehr aus seinem Mund, und es war tot. Sie hoben es auf, suchten, ob sie was Giftiges fänden, schnürten es auf, kämmten ihm die Haare, wuschen es mit Wasser und Wein, aber es half alles nichts; das liebe Kind war tot und blieb tot. Sie legten es auf eine Bahre und setzten sich alle siebene daran und beweinten es und weinten drei Tage lang. Da wollten sie es begraben, aber es sah noch so frisch aus wie ein lebender Mensch und hatte noch seine schönen roten Backen. Sie sprachen: «Das können wir nicht in die schwarze Erde versenken», und liessen einen durchsichtigen Sarg von Glas machen, dass man es von allen Seiten sehen konnte, legten es hinein und schrieben mit goldenen Buchstaben seinen Namen darauf und dass es eine Königstochter wäre. Dann setzten sie den Sarg hinaus auf den Berg, und einer von ihnen blieb immer dabei und bewachte ihn. Und die Tiere kamen auch und beweinten Schneewittchen, erst eine Eule, dann ein Rabe, zuletzt ein Täubchen.

Nun lag Schneewittchen lange lange Zeit in dem Sarg und verweste nicht, sondern sah aus, als wenn es schliefe; denn es war noch so weiss als Schnee, so rot als Blut und so schwarzhaarig wie Ebenholz. Es geschah aber, dass ein Königssohn in den Wald geriet und zu dem Zwergenhaus kam, da zu übernachten. Er sah auf dem Berg den Sarg und das schöne Schneewittchen darin und las, was mit goldenen Buchstaben darauf geschrieben war. Da sprach er zu den Zwergen: «Lasst mir den Sarg, ich will euch geben, was ihr dafür haben wollt.» Aber die Zwerge antworteten: «Wir geben ihn nicht um alles Gold in der Welt.» Da sprach er: «So schenkt mir ihn, denn ich kann nicht leben, ohne Schneewittchen zu sehen, ich will es ehren und hochachten wie mein Liebstes.» Wie er so sprach, empfanden die guten Zwerglein Mitleiden mit ihm und gaben ihm den Sarg. Der Königssohn liess ihn nun von seinen Dienern auf den Schultern forttragen. Da geschah es, dass sie über einen Strauch stolperten, und von dem Schüttern fuhr der giftige Apfelgrütz, den Schneewittchen abgebissen hatte, aus dem Hals. Und nicht lange, so öffnete es die Augen, hob den Deckel vom Sarg in die Höhe und richtete sich auf und war wieder lebendig. «Ach Gott, wo bin ich?» rief es. Der Königssohn sagte voll Freude: «Du bist bei mir», und erzählte, was sich zugetragen hatte, und sprach: «Ich habe dich lieber als alles auf der Welt; komm mit mir in meines Vaters Schloss, du sollst meine Gemahlin werden.» Da war ihm Schneewittchen gut und ging mit ihm, und ihre Hochzeit ward mit grosser Pracht und Herrlichkeit angeordnet.
Zu dem Fest wurde aber auch Schneewittchens gottlose Stiefmutter eingeladen. Wie sie sich nun mit schönen Kleidern angetan hatte, trat sie vor den Spiegel und sprach:

«Spieglein, Spieglein an der Wand, wer ist die Schönste im ganzen Land?»
Der Spiegel antwortete: «Frau Königin, Ihr seid die Schönste hier,
aber die junge Königin ist tausendmal schöner als Ihr.»

Da stiess das böse Weib einen Fluch aus, und ward ihr so angst, so angst, dass sie sich nicht zu lassen wusste. Sie wollte zuerst gar nicht auf die Hochzeit kommen: doch liess es ihr keine Ruhe, sie musste fort und die junge Königin sehen. Und wie sie hineintrat, erkannte sie Schneewittchen, und vor Angst und Schrecken stand sie da und konnte sich nicht regen. Aber es waren schon eiserne Pantoffeln über Kohlenfeuer gestellt und wurden mit Zangen hereingetragen und vor sie hingestellt. Da musste sie in die rotglühenden Schuhe treten und so lange tanzen, bis sie tot zur Erde fiel.

... DA WAR IHM SCHNEEWITTCHEN GUT.

Szenisch-musikalische Aufführung von ‹Schneewittchen›

Vorüberlegungen

Schneewittchen ist ein sehr langes und komplexes Märchen. Eine Aufführung mit Kindern gestaltet sich als arbeitsintensives Grossprojekt. Da es ein Lieblingsmärchen nicht nur vieler Kinder ist, stellt es sich hier im Gewand eines Bänkelliedes dar. Auf grossen Flip-Chart-Blättern malen die Kinder zu den Strophen des Schneewittchenliedes Märchenszenen. Bei einer Aufführung werden die Bilder der Reihe nach gezeigt, mit einem Zeigestock wird auf Details aufmerksam gemacht und dazu gesungen. Je nach Zeitrahmen für die Gestaltung können einzelne Szenen, z.B. die Zwerge bei ihrer Arbeit (s. Ideenpaket ‹Zwerge› Seite 65), die böse Königin (s. Ideenpaket ‹Böse Königin› Seite 51), der Prinz (s. Ideenpaket ‹Prinz zu Pferd› Seite 35) u.v.m. eingearbeitet werden.

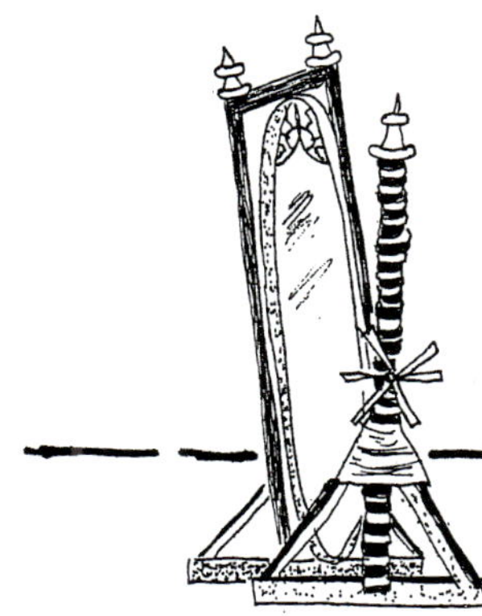

‹Schneewittchenlied› **Musik: trad. /Text: Ulrike Meyerholz**

2.
Und die böse Königin
trat nun vor den Spiegel hin:
«Spieglein, Spieglein an der Wand,
wer ist die Schönste im ganzen Land?»

3.
Und der Spiegel sprach zu ihr:
«Ihr seid wohl die Schönste hier!
Doch Schneewittchen, glaubet mir,
ist doch noch tausendmal schöner als Ihr!»

4.
Oh, wie zornig wurde sie,
stampfte wütend, tobte, schrie:
«Jäger, bring Schneewittchen fort,
tief in den Wald und dann töte sie dort!»

5.
Doch dem Jäger tat sie leid,
und Schneewittchen lief ganz weit.
Tief im Wald fand sie ein Haus,
und alles sah klein und winzig aus.

6.
Und Schneewittchen schlief gleich ein,
in dem Bettchen viel zu klein.
Sieben Zwerge wohnten hier,
waren so gut und so freundlich zu ihr.

7.
Und die böse Königin
trat nun vor den Spiegel hin:
«Spieglein, Spieglein an der Wand,
wer ist die Schönste im ganzen Land?»

9.
Oh, wie zornig wurde sie,
stampfte wütend, tobte, schrie:
«Morgen ist Schneewittchen tot,
durch meinen Apfel so giftig und rot!»

10.
Und die Hexe lief zu ihr:
«Diesen Apfel schenk ich dir!»
Und Schneewittchen biss hinein.
«Ach, nie mehr wirst du die Schönste sein!»

11.
Und die Zwerge weinten sehr,
hatten kein Schneewittchen mehr!
Lag in einem Sarg aus Glas,
so wunderschön und doch totenblass.

12.
Und da kam ein Prinz daher,
dem gefiel Schneewittchen sehr.
«Bringt sie auf mein Schloss hinauf!»
Und das Schneewittchen, das wachte auf.

13.
Und da sprach der Prinz zu ihr:
«Komm doch auf mein Schloss mit mir.
Dort soll bald die Hochzeit sein,
ganz viele Gäste laden wir ein.»

14.
Auch die böse Königin
ging zur grossen Hochzeit hin.
In den Schuhen glühendrot,
musste sie tanzen – die Hexe war tot!

DIE ZWERGE WEINTEN DREI TAGE.

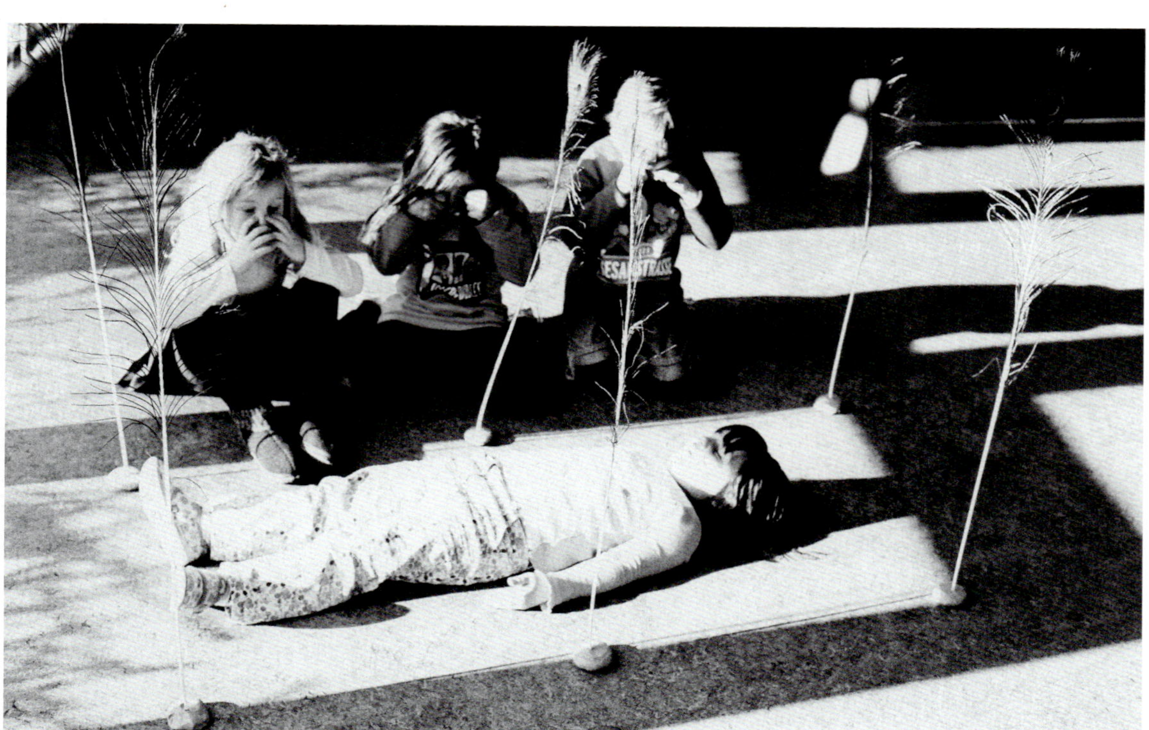

Die Wichtelmännlein

Es war ein Schuster ohne seine Schuld so arm geworden, dass ihm endlich nichts mehr übrigblieb als Leder zu einem einzigen Paar Schuhe. Nun schnitt er am Abend die Schuhe zu, die wollte er den nächsten Morgen in Arbeit nehmen; und weil er ein gutes Gewissen hatte, so legte er sich ruhig zu Bett, befahl sich dem lieben Gott und schlief ein. Morgens, nachdem er sein Gebet verrichtet hatte und sich zur Arbeit niedersetzen wollte, so standen die beiden Schuhe ganz fertig auf seinem Tisch. Er verwunderte sich und wusste nicht, was er dazu sagen sollte. Er nahm die Schuhe in die Hand, um sie näher zu betrachten: sie waren so sauber gearbeitet, dass kein Stich daran falsch war, gerade als wenn es ein Meisterstück sein sollte. Bald darauf trat auch schon ein Käufer ein, und weil ihm die Schuhe so gut gefielen, so bezahlte er mehr als gewöhnlich dafür, und der Schuster konnte von dem Geld Leder zu zwei Paar Schuhen erhandeln. Er schnitt sie abends zu und wollte den nächsten Morgen mit frischem Mut an die Arbeit gehen, aber er brauchte es nicht, denn als er aufstand, waren sie schon fertig, und es blieben auch nicht die Käufer aus, die ihm so viel Geld gaben, dass er Leder zu vier Paar Schuhen einkaufen konnte. Er fand frühmorgens auch die vier Paar fertig; und so ging's immer fort; was er abends zuschnitt, das war am Morgen verarbeitet, also dass er bald wieder sein ehrliches Auskommen hatte und endlich ein wohlhabender Mann ward.
Nun geschah es eines Abends nicht lange vor Weihnachten, als der Mann wieder zugeschnitten hatte, dass er vor Schlafengehen zu seiner Frau sprach: «Wie wär's, wenn wir diese Nacht aufblieben, um zu sehen, wer uns solche hilfreiche Hand leistet?» Die Frau war's zufrieden und steckte ein Licht an; darauf verbargen sie sich in den Stubenecken, hinter den Kleidern, die da aufgehängt waren, und gaben acht. Als es Mitternacht war, da kamen zwei kleine niedliche nackte Männlein, setzten sich vor des Schusters Tisch, nahmen alle zugeschnittene Arbeit zu sich und fingen an, mit ihren Fingerlein so behend und schnell zu stechen, zu nähen, zu klopfen, dass der Schuster vor Verwunderung die Augen nicht abwenden konnte. Sie liessen nicht nach, bis alles zu Ende gebracht war und fertig auf dem Tische stand, dann sprangen sie schnell fort.
Am andern Morgen sprach die Frau: «Die kleinen Männer haben uns reich gemacht, wir müssten uns doch dankbar dafür bezeigen. Sie laufen so herum, haben nichts am Leib und müssen frieren. Weisst du was? Ich will Hemdlein, Rock, Wams und Höslein für sie nähen, auch jedem ein Paar Strümpfe stricken; mach du jedem ein Paar Schühlein dazu.» Der Mann sprach: «Das bin ich wohl zufrieden», und abends, wie sie alles fertig hatten, legten sie die Geschenke statt der zugeschnittenen Arbeit zusammen auf den Tisch und versteckten sich dann, um mit anzusehen, wie sich die Männlein dazu anstellen würden. Um Mitternacht kamen sie herangesprungen und wollten sich gleich an die Arbeit machen; als sie aber kein zugeschnittenes Leder, sondern die niedlichen Kleidungsstücke fanden, verwunderten sie sich erst, dann aber bezeigten sie eine gewaltige Freude. Mit der grössten Geschwindigkeit zogen sie sich an, strichen die schönen Kleider am Leib und sangen:
«Sind wir nicht Knaben glatt und fein?
Was sollen wir länger Schuster sein!»
Dann hüpften und tanzten sie und sprangen über Stühle und Bänke. Endlich tanzten sie zur Türe hinaus. Von nun an kamen sie nicht wieder, dem Schuster aber ging es wohl, solang er lebte, und es glückte ihm alles, was er unternahm.

... UND DEN NÄCHSTEN SCHUH!

Szenisch-musikalische Aufführung ‹Die Wichtelmännlein›

Vorüberlegungen

In der Geschichte kommen zwar nur zwei Wichtelmännlein vor, doch wenn man da etwas grosszügig ist, können viele Wichtel von der ganzen Kindergruppe dargestellt werden. Drei Erwachsene spielen das Schusterpaar und den Käufer. Sicherlich sind drei nette Kolleginnen bereit dazu. Sie müssen keinen Text lernen, sondern nur die kleinen Szenen improvisierend mit Leben füllen, parallel zum vorgetragenen Märchen. Jedes Kind bekommt ein rotes Zwergenmützchen von einer hilfreichen Mutter genäht. Die restlichen Requisiten sind Alltagsgegenstände.

Wichtigstes Gestaltungselement ist der Schustertanz, der von den Wichtelmännlein gesungen, getanzt und gespielt wird. Wer ihn als Instrumentalmusik einsetzen möchte, findet ihn auf der CD ‹Tänze für Kinder› (Fidula-Verlag, Boppard, CD Nr. 4415). Immer wieder gibt es Kinder, die nicht so gerne ‹auf die Bühne› wollen. Ihnen kann man anbieten, einfache Liedbegleitungen auf Klangbausteinen, Stabspielen oder kleinem Schlagwerk zu übernehmen. Diese Märchenaufführung können schon vier- bis fünfjährige Kindergartenkinder gut meistern. Der Höhepunkt des Märchens spielt in der Weihnachtszeit, einer Wichtel-Weihnachts-Aufführung steht also nichts im Wege.

Es kann losgehen!

Sprecherin: «***Es war ein Schuster ohne seine Schuld so arm geworden, dass ihm endlich nichts mehr übrigblieb als Leder zu einem einzigen Paar Schuhe. Nun schnitt er am Abend die Schuhe zu, die wollte er den nächsten Morgen in Arbeit nehmen; und weil er ein gutes Gewissen hatte, so legte er sich ruhig zu Bett, befahl sich dem lieben Gott und schlief ein.***»

Die Wichtelmännlein kommen mit je einem Schuh in der Hand, barfuss und nur spärlich mit einem Hemdchen und Höschen bekleidet auf die Bühne. Sie singen, tanzen und spielen den Schustertanz: Zuerst nähen sie zum A-Teil pantomimisch die Sohlen, klopfen zum B-Teil mit einem unsichtbaren Hammer auf die Sohle, legen dann den Schuh hin und tanzen schliesslich zum C-Teil allein, zu zweit oder im Kreis, je nach Verabredung mit der Gruppe.

‹Schustertanz› Musik: trad. aus Böhmen, Text: Ulrike Meyerholz

Sprecherin: ***«Morgens, nachdem er sein Gebet verrichtet hatte und sich zur Arbeit niedersetzen wollte, so standen die beiden Schuhe ganz fertig auf seinem Tisch. Er verwunderte sich und wusste nicht, was er dazu sagen sollte. Er nahm die Schuhe in die Hand, um sie näher zu betrachten: Sie waren so sauber gearbeitet, dass kein Stich daran falsch war, gerade als wenn es ein Meisterstück sein sollte.»***
Der Darsteller des Schusters spielt parallel zur Sprecherin das Geschehen.

Ein Käufer, gespielt von einem Erwachsenen, kommt herein und kauft die Schuhe.
Der Schuster und der Käufer improvisieren einen Verkaufsdialog.

Sprecherin: ***«Der Käufer bezahlte mehr als gewöhnlich für die Schuhe, und der Schuster konnte von dem Geld Leder zu zwei Paar Schuhen erhandeln.***
Er schnitt sie abends zu und wollte den nächsten Morgen mit frischem Mut an die Arbeit gehen.»

Wieder kommen die Wichtel, singen und tanzen den Schustertanz.

Sprecherin: ***«Als der Schuster aufstand, waren die Schuhe schon fertig, und es blieben auch nicht die Käufer aus, die ihm so viel Geld gaben, dass er Leder zu vier Paar Schuhen einkaufen konnte. Er fand frühmorgens auch die vier Paar fertig; und so ging's immerfort, was er abends zuschnitt, das war am Morgen verarbeitet, also dass er bald wieder sein ehrliches Auskommen hatte und endlich ein wohlhabender Mann ward. Nun geschah es eines Abends, nicht lange vor Weihnachten, als der Mann wieder zugeschnitten hatte, dass er vorm Schlafengehen zu seiner Frau sprach: ‹Wie wär's, wenn wir diese Nacht auf-***

blieben, um zu sehen, wer uns solche hilfreiche Hand leistet?› Die Frau war's zufrieden und steckte ein Licht an; darauf verbargen sie sich in den Stubenecken, hinter den Kleidern, die da aufgehängt waren, und gaben acht.»

Die Darsteller des Schusterpaars kommen mit Kerzen, pusten sie aus und verstecken sich.

Zum dritten Mal kommen die Wichtel, singen und tanzen den Schustertanz.

Sprecherin: ***«Am andern Morgen sprach die Frau: ‹Die kleinen Männer haben uns reich gemacht, wir müssten uns doch dankbar dafür bezeigen. Sie laufen so herum, haben nichts am Leib und müssen frieren. Weisst du was? Ich will Hemdlein, Rock, Wams und Höslein für sie nähen, auch jedem ein Paar Strümpfe stricken; mach du jedem ein Paar Schühlein dazu.›***
Der Mann sprach: ‹Das bin ich wohl zufrieden.› Und abends, wie sie alles fertig hatten, legten sie die Geschenke statt der zugeschnittenen Arbeit zusammen auf den Tisch und versteckten sich dann, um mit anzusehen, wie sich die Männlein dazu anstellen würden.»

Die Schusterpaardarsteller legen die Kleider der Kinder auf verabredete Plätze auf Tisch und Boden, damit die Wichtel schnell ihre Kleider finden und anziehen können. Das Schusterpaar versteckt sich.
Um Mitternacht kommen die Wichtelmännlein, finden statt dem zugeschnittenen Leder Kleidchen und Schuhe vor, ziehen sich an und singen den Wichtelfreudentanz. Die Gruppenleiterin begleitet das Lied auf der Gitarre oder am Klavier:

‹Wichtel-Freuden-Tanz› **Musik/Text: Susanne Brandt-Köhn**

Sie tanzen von der Bühne.
Sprecherin: ***«Von nun an kamen sie nicht wieder, dem Schuster aber ging es wohl, solang er lebte, und es glückte ihm alles, was er unternahm.»***

Alle Mitwirkenden stellen sich zu einer Reihe auf und verbeugen sich.

Die Bremer Stadtmusikanten

Es hatte ein Mann einen Esel, der schon lange Jahre die Säcke unverdrossen zur Mühle getragen hatte, dessen Kräfte aber nun zu Ende gingen, so dass er zur Arbeit immer untauglicher ward. Da dachte der Herr daran, ihn aus dem Futter zu schaffen; aber der Esel merkte, dass kein guter Wind wehte, lief fort und machte sich auf den Weg nach Bremen: dort, meinte er, könnte er ja Stadtmusikant werden. Als er ein Weilchen fortgegangen war, fand er einen Jagdhund auf dem Wege liegen, der jappte wie einer, der sich müde gelaufen hat. «Nun, was jappst du so, Packan?» fragte der Esel. «Ach», sagte der Hund, «weil ich alt bin und jeden Tag schwächer werde, auch auf der Jagd nicht mehr fort kann, hat mich mein Herr wollen totschlagen, da hab ich Reissaus genommen; aber womit soll ich nun mein Brot verdienen?» – «Weisst du was», sprach der Esel, «ich gehe nach Bremen und werde dort Stadtmusikant, geh mit und lass dich auch bei der Musik annehmen. Ich spiele die Laute, und du schlägst die Pauken.» Der Hund war's zufrieden, und sie gingen weiter. Es dauerte nicht lange, so sass da eine Katze an dem Weg und machte ein Gesicht wie drei Tage Regenwetter. «Nun, was ist dir in die Quere gekommen, alter Bartputzer?» sprach der Esel. «Wer kann da lustig sein, wenn's einem an den Kragen geht», antwortete die Katze, «weil ich nun zu Jahren komme, meine Zähne stumpf werden und ich lieber hinter dem Ofen sitze und spinne, als nach Mäusen herumjage, hat mich meine Frau ersäufen wollen; ich habe mich zwar noch fortgemacht; aber nun ist guter Rat teuer: wo soll ich hin?» – «Geh mit uns nach Bremen, du verstehst dich doch auf die Nachtmusik, da kannst du ein Stadtmusikant werden.» Die Katze hielt das für gut und ging mit. Darauf kamen die drei Landesflüchtigen an einem Hof vorbei, da sass auf dem Tor der Haushahn und schrie aus Leibeskräften.
«Du schreist einem durch Mark und Bein», sprach der Esel, «was hast du vor?» – «Da hab ich gut Wetter prophezeit», sprach der Hahn, «weil unserer lieben Frauen Tag ist, wo sie dem Christkindlein die Hemdchen gewaschen hat und sie trocknen will; aber weil morgen zum Sonntag Gäste kommen, so hat die Hausfrau doch kein Erbarmen und hat der Köchin gesagt, sie wollte mich morgen in der Suppe essen, und da soll ich mir heut abend den Kopf abschneiden lassen. Nun schrei ich aus vollem Hals, solang ich noch kann.» – «Ei was, du Rotkopf», sagte der Esel, «zieh lieber mit uns fort, wir gehen nach Bremen, etwas Besseres als den Tod findest du überall; du hast eine gute Stimme, und wenn wir zusammen musizieren, so muss es eine Art haben.» Der Hahn liess sich den Vorschlag gefallen, und sie gingen alle viere zusammen fort.

Sie konnten aber die Stadt Bremen in einem Tag nicht erreichen und kamen abends in einen Wald, wo sie übernachten wollten. Der Esel und der Hund legten sich unter einen grossen Baum, die Katze und der Hahn machten sich in die Äste, der Hahn aber flog bis in die Spitze, wo es am sichersten für ihn war. Ehe er einschlief, sah er sich noch einmal nach allen vier Winden um, da deuchte ihn, er sähe in der Ferne ein Fünkchen brennen, und rief seinen Gesellen zu, es müsste nicht gar weit ein Haus sein, denn es scheine ein Licht. Sprach der Esel: «So müssen wir uns aufmachen und noch hingehen, denn hier ist die Herberge schlecht.» Der Hund meinte, ein paar Knochen und etwas Fleisch dran täten ihm auch gut. Also machten sie sich auf den Weg nach der Gegend, wo das Licht war, und sahen es bald heller schimmern, und es ward immer grösser, bis sie vor ein hell erleuchtetes Räuberhaus kamen. Der Esel, als der grösste, näherte sich dem Fenster und schaute hinein. «Was siehst du, Grauschimmel?» fragte der Hahn. «Was ich sehe?» antwortete der Esel, «einen gedeckten Tisch mit schönem Essen und Trinken, und Räuber sitzen daran und lassen's sich wohl sein.» – «Das wäre was für uns», sprach der Hahn. «Ja, ja, ach, wären wir da!» sagte der Esel. Da ratschlagten die Tiere, wie sie es anfangen müssten, um die Räuber hinauszujagen, und fanden endlich ein Mittel. Der Esel musste sich mit den Vorderfüssen auf das Fenster stellen, der Hund auf des Esels Rücken springen, die Katze auf den Hund klettern, und endlich flog der Hahn hinauf und setzte sich der Katze auf den Kopf. Wie das geschehen war, fingen sie auf ein Zeichen insgesamt an, ihre Musik zu machen: der Esel schrie, der Hund bellte, die Katze miaute und der Hahn krähte; dann stürzten sie durch das Fenster in die Stube hinein, dass die Scheiben klirrten. Die Räuber fuhren bei dem entsetzlichen Schrei in die Höhe, meinten nicht anders, als ein Gespenst käme herein, und flohen in grösster Furcht in den Wald hinaus. Nun setzten sich die vier Gesellen an den Tisch, nahmen mit dem vorlieb, was übriggeblieben war, und assen, als wenn sie vier Wochen hungern sollten.

Wie die vier Spielleute fertig waren, löschten sie das Licht aus und suchten sich eine Schlafstätte, jeder nach seiner Natur und Bequemlichkeit. Der Esel legte sich auf den Mist, der Hund hinter die Türe, die Katze auf den Herd bei der warmen Asche, und der Hahn setzte sich auf den Hahnenbalken: und weil sie müde waren von ihrem langen Weg, schliefen sie auch bald ein. Als Mitternacht vorbei war und die Räuber von weitem sahen, dass kein Licht mehr im Haus brannte, auch alles ruhig schien, sprach der Hauptmann: «Wir hätten uns doch nicht sollen ins Bockshorn jagen lassen», und hiess einen hingehen und das Haus untersuchen. Der Abgeschickte fand alles still, ging in die Küche, ein Licht anzuzünden, und weil er die glühenden, feurigen Augen der Katze für lebendige Kohlen ansah, hielt er ein Schwefelhölzchen daran, dass es Feuer fangen sollte. Aber die Katze verstand keinen Spass, sprang ihm ins Gesicht, spie und kratzte. Da erschrak er gewaltig, lief und wollte zur Hintertüre hinaus; aber der Hund, der da lag, sprang auf und biss ihn ins Bein: und als er über den Hof an dem Miste vorbeirannte, gab ihm der Esel noch einen tüchtigen Schlag mit dem Hinterfuss; der Hahn aber, der vom Lärmen aus dem Schlaf geweckt und munter geworden war, rief vom Balken herab: «Kikeriki!» Da lief der Räuber, was er konnte, zu seinem Hauptmann zurück und sprach: «Ach, in dem Haus sitzt eine greuliche Hexe, die hat mich angehaucht und mit ihren langen Fingern mir das Gesicht zerkratzt: und vor der Türe steht ein Mann mit einem Messer, der hat mich ins Bein gestochen: und auf dem Hof liegt ein schwarzes Ungetüm, das hat mit einer Holzkeule auf mich losgeschlagen: und oben auf dem Dache, da sitzt der Richter, der rief, bringt mir den Schelm her. Da machte ich, dass ich fortkam.» Von nun an getrauten sich die Räuber nicht weiter in das Haus, den vier Bremer Musikanten gefiel's aber so wohl darin, dass sie nicht wieder heraus wollten. Und der das zuletzt erzählt hat, dem ist der Mund noch warm.

ICH BIN DER HUND…

… UND DU DIE KATZE.

Szenisch-musikalische Aufführung ‹Die Bremer Stadtmusikanten› durch erzählendes Gestalten

Vorüberlegungen

Die spontane Spielfreude der Kinder steht in diesem Beispiel der Märchengestaltung im Mittelpunkt. Ohne den Aufwand von vielen Proben und Kostümen erblüht das Märchen im Dialog mit den Kindern. Der Rahmen einer Aufführung, z.B. eine Elternmitmachstunde, erhöht die Konzentration der Kinder auf das Geschehen. Nachdem sich die Gruppe zwei, drei Unterrichtsstunden mit dem Märchen beschäftigt hat, kann eine Aufführung durch erzählendes Gestalten gewagt werden. Der Stolz und die Freude der Kinder, den Eltern etwas zu zeigen, gibt dem Ganzen eine besondere Ausstrahlung. Dieser Ansatz eignet sich besonders für unhomogene Gruppen: Die Kinder legen besonders grossen Wert darauf, dass alle gleich behandelt werden. Würde man in solchen Gruppen einzelne Kinder durch Hauptrollen hervorheben, würden sich viele Kinder gekränkt und zurückgesetzt fühlen, wenn sie nicht zum Zuge kämen.

Wieder steht ein Lied im Mittelpunkt, dieses Mal dreht sich alles um den Refrain von Fredrik Vahles ‹Die Bremer Stadtmusikanten›. Die Strophen, sie haben dieselbe Melodie wie der Refrain, könnten von der Gruppenleiterin als zusammenfassender Märchentext gesprochen werden, aber die Textfülle ist nicht leicht zu bewältigen. Immer wenn der Refrain gemeinsam gesungen wird, entsteht ein wohltuendes Innehalten und es kommt ein bisschen Ruhe in die Gruppe.

‹Die Bremer Stadtmusikanten› **Musik/Text: Fredrik Vahle**

1.
Ein Tritt in den Hintern. Der Esel muss laufen.
Und der Müller schimpft:
Den kann ich nicht brauchen.
Und da war der Hund, der jaulte so sehr.
Mein Herr will mich totschlagen.
Bald leb ich nicht mehr.

2.
Die Katze, die schrie, als hing sie am Spiess.
Die woll'n mich ersäufen, und das find ich fies.
Und da war der Hahn, der zum letzten Mal schrie:
Ich soll in die Suppe: Kikeriki!

Refrain:
Da sagte der Esel, hier weht kein guter Wind.
Da muss man doch sehn, dass man
was besseres find.
Wir ziehen nach Bremen und weit übers Land.
Da wird von uns jeder Stadtmusikant.

3.
Da zogen sie weiter, tief in einen Wald.
Da wurde es finster und auch ziemlich kalt.
Der Esel, der fror, und die Katz wollt nichts sagen.
Der Hahn sass im Baum,
und dem Hund knurrt der Magen.

4.
Doch da schrie der Hahn, da muss etwas sein.
Ein Licht in der Ferne. Es ist noch ganz klein.
Da zogen sie hin und sie standen, o Graus,
vor einem rabatzlauten Räuberhaus.

Refrain: Da sagte der Esel, hier …

5.
Da sagte der Hahn, so was wäre verkehrt.
Wir geben hier gleich unser erstes Konzert.
Der Esel schrie unten, ganz oben der Hahn.
Hund und Katz in der Mitte. Die Musik fängt an

6.
Die Räuber, die flohn und der Braten blieb liegen.
Sie wollten doch nicht die Hucke voll kriegen.
Die Tiere, die setzten sich gleich an den Tisch
und assen und tranken ganz königlich.

Refrain: Da sagte der Esel, hier …

7.
Sie legten sich schlafen, und im Haus war es still.
Und ein Räuber schlich ran,
weil er nachgucken will.
Er zündet ein Streichholz.
Doch das will nichts taugen.
Es war keine Glut, war'n der Katz ihre Augen.

8.
Und dann an der Tür biss ihm einer ins Bein,
ein andrer schlug zu
und vom Dach hört er´s schrei'n:
Bringt mir den Schelm her, kikeriki!
Und da lief der Räuber so schnell wie noch nie.

Refrain:
Da sagte der Räuber, hier
weht kein guter Wind.
Da muss man doch sehn, dass man
was Besseres find.
Denn die da drinnen sind schlimmer als wir.
Ganz finstre Halunken. Ich glaub, es sind vier.

Es kann losgehen!

Alle sitzen gemütlich auf dem Boden auf der ‹Bühne›, die Eltern sitzen am Rand des Bewegungsraumes. Die Gruppenleiterin erzählt den Anfang des Märchens frei, die Kinder kennen die Geschichte und tragen ihr Detailwissen bei. Der Esel ist das erste Tier, das merkt, dass kein guter Wind weht und sich auf den Weg macht, um Stadtmusikant in Bremen zu werden. Die Kinder patschen im Sitzen auf ihre Oberschenkel und klicken mit der Zunge, um den Klang der Eselhufe zu imitieren. Beim Hund wird etwas schneller auf die Beine gepatscht und dazu gehechelt, bei der Katze setzen die Kinder Samtpfötchen auf die Oberschenkel und beim Hahn lassen die Kinder seitlich ihre Unterarme flattern.

Wenn die vier Tiere sich gefunden haben, singen die Kinder zum ersten Mal den Refrain von Fredrik Vahles Lied «Da sagte der Esel, hier weht kein guter Wind», das in genialer Weise den originalen Märchentext aufgreift.

Die Gruppenleiterin zeigt den Kindern vier Instrumente. Sie sollen raten, welches Instrument zu welchem Tier gehört: Die Kinder erkennen sofort, dass das Klopfen mit zwei Kokosnussschalen für das Eselsgetrappel, Schlagzeugbesenkratzen auf einer Trommel für das Tippeln des Hundes, Vibraslap für das Fauchen und Krallenzeigen der Katze (alternativ ein Guiro) stehen und ein imitiertes Kikeriki auf der Lotosflöte (alternativ ein Kazoo) den Hahn zum Klingen bringt.

Das folgende Reaktionsspiel mit den vorgestellten Instrumenten bringt die Kinder in Bewegung: Zur Handtrommelbegleitung laufen und hüpfen alle entsprechend der rhythmischen Vorgabe frei im Raum. Sind die Kokosnüsse zu hören, wechseln die Kinder in einen Trab.

Manchmal finden sie es ‹eseliger›, wenn sie auf allen vieren krabbeln. Beim Hundesignal stellen sie sich auf alle viere und heben ein Bein, wenn der Schlagzeugbesen länger anhaltend auf dem Trommelfell kratzt. Hören sie das Vibraslap, stellen sie fauchende und buckelnde Katzen dar und bei der Lotosflöte flatternde Hähne auf einem Bein.

Die Gruppenleiterin erzählt weiter, dass die Tiere in einen dunklen Wald kommen. Sie sind müde und legen sich erst einmal zum Schlafen hin. Sie wissen noch nicht, dass sie in einem Räuberwald sind, das Räuberhaus steht nicht weit entfernt. Wenn sie nicht gerade in ihrem Räuberhaus sind, schleichen sich die Räuber nachts durch den Wald und halten nach Beute Ausschau. Die Kinder stellen zur Musik (CD, Track 1) das Räuberleben dar (siehe S. 9, Ideenpaket ‹Räuber›, Bewegungsspiele mit Musik 1). Wenn mehr Vorbereitungszeit vorhanden ist, können die Kinder auch den Räuber-Wettkampf zeigen. (s. S. 16, ‹... mit ein bisschen Üben 1›)

Im Märchen wird weitererzählt, dass der Hahn ein Licht in der Ferne entdeckt, die Tiere sich aufmachen und schliesslich das Räuberhaus erreichen. Alle Kinder halten sich die Hände über die Augen, um besser durchs Fenster zu sehen. Als allen klar ist, dass es sich um ein Räuberhaus mit reich gedecktem Tisch handelt, wird wieder gemeinsam gesungen: «Da sagte der Esel, hier weht kein guter Wind ...»

‹Da sagte der Esel, hier weht kein guter Wind› **Musik/Text: Fredrik Vahle**

Doch die Tiere besinnen sich und überlegen, wie sie die Räuber verjagen könnten. Sie «fingen auf ein Zeichen insgesamt an, ihre Musik zu machen», heisst es im Märchen. Mit dem folgenden von den Kindern gesprochenen Spruch bekommt das Räuberverjagen ein bisschen Struktur:

‹Spruch der Bremer Stadtmusikanten› **Text: Ulrike Meyerholz**

Auf ein deutliches Zeichen imitieren die Kinder die Tierstimmen, so laut sie können. Beim zweiten Zeichen ist es wieder still und die Gruppenleiterin zitiert: «Die Räuber flohen in grösster Furcht in den Wald hinaus», was die Kinder mit heftigem Patschen auf die Oberschenkel kommentieren. Für jüngere Kinder empfiehlt es sich, die beiden Zeichen mit einer Tütenpuppe zu geben. Es klappt verlässlich, dass die Kinder loslegen, wenn die Tütenpuppe herauskommt, und sie verstummen sofort, wenn diese wieder verschwindet.

Gemeinsam wird die Geschichte weitergesponnen: Die Tiere legen sich schlafen und ein Räuber wird losgeschickt, um das Haus zu untersuchen. Die Gruppenleiterin gestaltet das turbulente Ende der Geschichte als furioses Finale. Die Kinder kringeln sich jedes Mal vor Vergnügen, wenn sie hören, wie die Tiere mit dem Räuber verfahren und wie er vor dem Räuberhauptmann das Geschehen schildert. Gemeinsam wird gesungen:

«Da sagte der Räuber, hier weht kein guter Wind,
da muss man doch sehn, dass man was Besseres find,
denn die da drinnen sind schlimmer als wir,
ganz finstre Halunken, ich glaub, es sind vier.

Die Gruppenleiterin zitiert das Ende des Märchens: «Von nun an getrauten sich die Räuber nicht weiter in das Haus, den vier Bremer Musikanten gefiels aber so wohl darin, dass sie nicht wieder heraus wollten. Und der das zuletzt erzählt hat, dem ist der Mund noch warm.»

Alle Mitwirkenden verbeugen sich vor dem Publikum.

Szenisch-musikalische Aufführung ‹Die Bremer Stadtmusikanten› durch erzählendes Gestalten

Zusammenfassung des Ablaufs

Zu vergebende Rollen: Alle Kinder spielen die Tiere, alle die Räuber und alle singen das Rahmenlied.

Die Gruppenleiterin erzählt den Anfang des Märchens frei oder zitiert den originalen Text:
«Es hatte ein Mann einen Esel, der schon lange Jahre die Säcke unverdrossen zur Mühle getragen hatte, dessen Kräfte aber nun zu Ende gingen, so dass er zur Arbeit immer untauglicher ward. Da dachte der Herr daran, ihn aus dem Futter zu schaffen, aber der Esel merkte, dass kein guter Wind wehte, lief fort und machte sich auf den Weg nach Bremen: dort, meinte er, könnte er ja Stadtmusikant werden.»

Die Geschichte wird weitergesponnen, und alle Tiere werden im Sitzen mit Gesten und Klanggesten dargestellt. Alle vier Tiere machen sich auf den Weg nach Bremen und lassen ihr Lied erklingen:

«Da sagte der Esel: ‹Hier weht kein guter Wind.
Da muss man doch sehn, dass man was Besseres find.
Wir ziehen nach Bremen und weit übers Land.
Da wird von uns jeder Stadtmusikant.›»

Die Kinder ordnen bestimmte Instrumente den vier Tieren zu und stellen sie in Bewegung dar.

Das Märchengeschehen wird weitererzählt.

Die Kinder stellen das ‹Räuberleben› dar. (CD, Track 1)

Es wird weitererzählt, dass die Tiere zum Räuberhaus gehen. Die Kinder singen:
«Da sagte der Esel: ‹Hier weht kein guter Wind ...›»

Die Tiere vertreiben die Räuber mit folgendem Spruch:

«Esel und Hund, Katze und Hahn
fangen ein neues Leben an.
Halten zusammen bei Tag und bei Nacht.
Jetzt wird gleich Rabatz gemacht.»

Die Kinder stellen das Geschrei der Tiere und das Trappeln der davonlaufenden Räuber dar.

Die Geschichte wird weiter von den Kindern und der Gruppenleiterin erzählt.

Zum Schluss singen die Kinder aus der Sicht des Räubers:

«Da sagte der Räuber: ‹Hier weht kein guter Wind.
Da muss man doch sehn, dass man was Besseres find.
Denn die da drinnen sind schlimmer als wir.
Ganz finstre Halunken. Ich glaub, es sind vier.›»

SURFING

Literaturhinweise

Wege zum Märchen

Betz, Felicitas: Märchen als Schlüssel zur Welt. Eine Auswahl für Kinder im Vorschulalter, Handreichung für Erzieher, Verlag Ernst Kaufmann, Lahr/Schwarzwald, 1977

Hilty, Elisa: Einäuglein, Zweiäuglein, Dreiäuglein. Wege zum Märchen, Zytglogge Verlag Oberhofen, 1988

Märchen im Musik- und Bewegungsunterricht

Kreusch-Jacob, Dorothee: Glöckchen, Trommel, Zaubergeige. Musikmärchen aus aller Welt, Schott Verlag, Mainz, 2001, auch als CD-Veröffentlichung aus dem Patmos-Verlag, Düsseldorf, 1996

Ribke, Juliane: Elementare Musikpädagogik. Persönlichkeitsbildung als musikerzieherisches Konzept, Conbrio Verlagsgesellschaft, Regensburg, 1995 (In Teil III dieses Buches schreibt die Autorin ausführlich über die Repräsentation von persönlichkeitsbildenden Prozessen im Märchen.)

Widmer, Manuela: Spring ins Spiel. Elementares Musiktheater mit schulischen und ausserschulischen Gruppen, ein Handbuch mit CD, Fidula-Verlag, Boppard, 2004

Psychologische Märchendeutungen

Eschenbach, Ursula: Hänsel und Gretel. Das geheime Wissen der Kinder, Kreuz Verlag AG, Zürich, 1986

Seifert, Angela, Seifert Theodor: Schneewittchen. Wie verletzte Gefühle heilen können, Kreuz Verlag, Stuttgart, Zürich, 2002

Waiblinger, Angela: Dornröschen. Auch des Vaters liebste Tochter wandelt sich zur Frau, Kreuz Verlag, Zürich, 1988

Zielen, Viktor: Hans im Glück. Lebenslust statt Lebenslast, Kreuz Verlag Zürich, 1987

Märchenliederbuch

Bächli, Gerda: Es war einmal. Lieder zu Grimm-Märchen, Verlag Musikhaus Pan, Zürich, 1985

Märchenlieder-CD

Schöne, Gerhard: Die sieben Gaben. Lieder im Märchenmantel, Buschfunk-Vertrieb, Rodenbergstr. 8, D-10439 Berlin (www.buschfunk.de)

Ausbildung zur Musik- und Tanzpädagogin

Institut für Musik- und Tanzpädagogik – ‹Orff-Institut› der Universität Mozarteum, Frohnburgweg 55, A-5020 Salzburg, Tel.: 0043-662-6198-6100, Fax 0043-662-61-98-6109, E-Mail: sonja.czuk@moz.ac.at

Fortbildungsträger für Musik und Tanzerziehung

Orff-Schulwerk Gesellschaft Deutschland e.V., Scharnitzer Str. 1, D-82166 Gräfelfing, Tel.: 0049-89-8542851, Fax: 0049-89-8542953, E-Mail: orff-schulwerk@t-online.de, www.orff.de

Orff-Schulwerk Gesellschaft Schweiz, Sekretariat CH-9230 Flawil, Tel.: 0041-71-3934727

Gesellschaft der Förderer des Orff-Schulwerks, Frohnburgweg 55, A-5020 Salzburg, Tel.: 0043-662-88908310, Fax: 0043-662-624867

Madeleine Mahler

Tanz als Ausdruck und Erfahrung

Die Tanzpädagogin Madeleine Mahler zeigt, wie mit dem Tanz aus eigenem Erleben Bewegungsfreude entstehen kann. Den Hauptteil des Buches nehmen die Beschreibungen von vier Tanz-Zyklen ein, als Einstimmung werden die passenden Improvisationen aufgeführt, die Musikstücke werden nach Pulsschlägen ausgezählt und dazu die Bewegungsabläufe notiert. Ein anregendes Buch, das den Weg zu eigenem Gestalten weisen kann.

Oberstufe

Br., A4, 128 S.,
CHF 35.–/€ 17.50
ISBN 3-7296-0242-X

Babst / Erismann / Köhli

tanzbar

Bausteine für die Tanzpraxis

Wichtigstes Instrument ist das Tanzschrittlexikon mit über 70 verschiedenen Schrittabfolgen. Einige bekannte und viel gebrauchte Tanzschritte aus den unterschiedlichsten Tanztraditionen (Ballett, Jazz Dance, Hip-Hop, Bhangra, Swing u. a.) sind auf DVD vorgetanzt. Das Buch enthält aber auch 19 vollständige, erprobte Choreografien zu Songs verschiedenster Stilrichtungen (Swing, Country, Rock, Latin, Ska, Mambo, Hip-Hop, Rhythm'n' Blues) für unterschiedliche Tanzniveaus.

Alle Stufen

Br., A4, 144 S., inkl. DVD,
CHF 59.–/€ 39.50
ISBN 3-7296-0702-2

Tanzen in Schule und Freizeit

Tanzchuchi

Einführung in die Grundlagen des kreativen Tanzes, der Bewegung und Gestaltung, 60 Tanzbeschreibungen. Einheimische Tanzformen schlagen die Brücke zwischen Volkstänzen aus aller Welt und modernen Popformen. Im methodischen Teil sind Hinweise für die Erarbeitung der dargestellten Bewegungsformen enthalten.

Alle Stufen

Br., A4, 208 S.,
CHF 39.–/€ 19.50
ISBN 3-7296-0129-6

Begleit-CD/MC mit 15 Beispielen
CD 4233, CHF 29.–/€ 14.50
MC 1233, CHF 20.–/€ 10.–

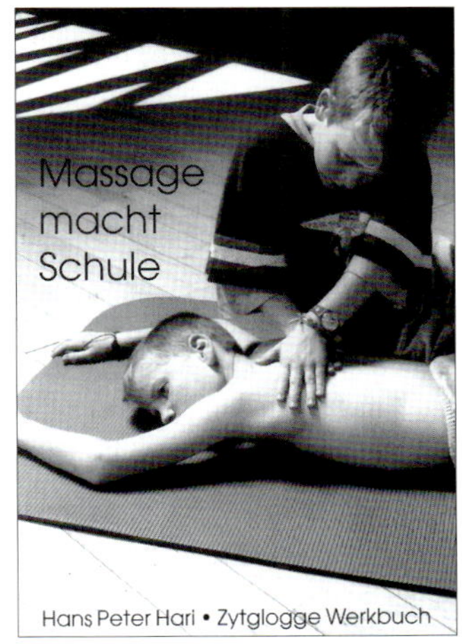

Hans Peter Hari

Massage macht Schule

Die grundlegenden Elemente der Massage können in wenigen Stunden erlernt werden. Das Werkbuch bietet einen guten Einstieg und eine umfassende Palette von Anwendungsmöglichkeiten. Eltern massieren ihre Kinder – und umgekehrt, Massage in Kindergarten und Schule macht immer mehr Schule. Jugendliche werden mit dem Körper, der Welt der Gefühle und körperorientierter Selbsterfahrung konfrontiert.

Alle Stufen

Br., A4, 128 S.,
CHF 42.–/€ 23.–
ISBN 3-7296-0514-3

Ulrike Meyerholz / Susi Reichle-Ernst

Einfach lostanzen

Dieses Buch und die beigefügte CD bieten eine Fülle von Anregungen, die für jegliche Art von Bewegungsunterricht, vom Turnsport bis zum modernen Ausdruckstanz geeignet sind. Einzel-, Paar- und Gruppenaufgaben bieten Kindern ab 10 Jahren, Jugendlichen und Erwachsenen Tipps zur spielerischen Improvisation und Bewegungsgestaltung. Die klare Beschreibung verspricht eine unkomplizierte Handhabung.

Ab 10 Jahren

Br., A4, 160 S., inkl. CD,
CHF 59.–/€ 29.50
ISBN 3-7296-0429-5

Ulrike Meyerholz / Susi Reichle-Ernst

Heisse Füsse, Zaubergrüsse

Ein neues Werkbuch der Erfolgsautorinnen Meyerholz / Reichle («Einfach lostanzen»). Diesmal für die Unterstufe (4 – 10 Jahre), wieder mit Begleit-CD, deren Melodien zum Erzählen und Fantasieren verführen und deren unterschiedlichste Rhythmen Kinder und LehrerInnen anregen, freie und choreographierte Bewegungen spielerisch einzuüben. – Von der pantomimischen Improvisation über das ausgelassene Herumtoben bis zur einstudierten kleinen Theatervorstellung.

Von 4 – 10 Jahren

Br., A4, 168 S., inkl. CD,
CHF 59.–/€ 29.50
ISBN 3-7296-0565-8

Ulrike Meyerholz / Susi Reichle-Ernst

Kleine Clowns & grosse Töne

Kinder zaubern Zirkusluft

Altersgemässe Spielideen für Zirkusfans in Kindergarten, Grundschule, Musikschule, in Sportverein, Tanz- und Gymnastikstudio. Die Lieder, Geschichten und Musik, die sie dabei entdecken, über alle Sinne erfahren, ausprobieren und weiterentwickel können, sind Eindrücke mit Langzeitwirkung, v. a. wenn intensiv an einem Zirkusprojekt gearbeitet wird.

Die Musikstücke auf der Begleit-CD zaubern eine Atmosphäre, die die Spielfreude der Kinder anregt, eigene Zirkusnummern mit ihren Fähigkeiten zu gestalten.

Von 4 – 10 Jahren

Br., A4, 168 S., inkl. CD,
CHF 59.–/€ 29.50
ISBN 3-7296-0637-9

Ulrike Meyerholz / Susi Reichle-Ernst

Tanz im Glück

Märchen bewegen Kinder

Räuber, Hexen, Zauberer, Prinzen werden lebendig und in ihrer Bandbreite an Darstellungsmöglichkeiten ‹erspielt› – durch Bewegungsspiele, Reime, Lieder und einfache Tänze. Die Kinder gestalten aktiv mit, indem sie ihre spontane Bewegungsfreude ausdrücken und sich gleichzeitig auf Entdeckungsreise in innere Seelenwelten begeben. Pädagogisch-künstlerische Impulse werden so lustvoll und kreativ umgesetzt.

Alle Vorschläge sind auf die Musikstücke von Bernd Sippel abgestimmt.

Von 4 – 10 Jahren

Br., A4, 160 S., inkl. CD,
CHF 59.–/€ 29.50
ISBN 3-7296-0746-0

Preisänderungen vorbehalten

Jeux Dramatiques 1 Ausdrucksspiel aus dem Erleben

Dieser Band bietet praktisch erprobte Einstiegsspiele und protokollarisch geschilderte Ausdrucksspiele mit und ohne Textvorlagen oder zu bestimmten Musikstücken und Klangbildern. Der reich illustrierte Band ist eine ideale Einführung in die Technik der ‹Jeux Dramatiques›.

Mittel- + Oberstufe

Br., A4, 160 S., ***CHF 35.–/€ 17.50***
ISBN 3-7296-0184-9

Heidi Frei
Jeux Dramatiques mit Kindern 2

Die Autorin befasst sich mit der Spielpraxis in Kindergarten, Spielgruppen, Schule und Freizeit. Es ergänzt das erste Buch und richtet sich an alle Lehrkräfte, ErzieherInnen und Eltern, die mit Menschen im Alter von 5 bis 12 spielen möchten. Arbeitsblätter geben Hilfe für Vorbereitung und Durchführung verschiedenster Spielformen und -ideen sowie methodische Tipps.

Kiga, Unter- + Mittelstufe

Br., A4, 160 S., ***CHF 39.–/€ 19.50***
ISBN 3-7296-0341-8

Martin Kesselring
Saiteninstrumente selbst gebaut 1

Musiktheoretische Grundlagen über Dreiklänge; Griffbretter und Saiten; Werkstoffe und Werkzeuge; Verfahren und Tipps; Problemstellungen und Improvisationen am Beispiel von Zupfinstrumenten (Psalter, Türharfe); Bauanleitungen und -pläne zu Monochord, Dulcimer, Saitentamburin sowie Hackbrett.

Mit 8 Bauplänen. **Oberstufe**

Br., A4, 160 S., ***CHF 43.–/€ 21.50***
ISBN 3-7296-0418-X

Martin Kesselring
Saiteninstrumente selbst gebaut 2

Theoretische Grundlagen

Stimmungen wichtiger Saiteninstrumente, Proportionen und Intervalle, Werkzeuge, Schablonen, Bohrlehren und Bauformen, Verfahren.

Beispiele Instrumentenbau

Scheitholt, Konzert-, Akkord-, Violin- und Halszither, Klein-Hackbrett, Banjo, Gitarre etc.

Reparaturen und Restaurationen

Mit 16 Bauplänen. **Oberstufe**

Br., A4, 192 S., ***CHF 49.–/€ 24.50***
ISBN 3-7296-0340-X

Schulmusik konkret 1 & 2

Band 1

Grundlagen und praktisches Musizieren / Musikkunde

Br., A4, 212 S., ***CHF 42.–/€ 21.–***
ISBN 3-7296-0412-0

Band 2

Musiklehre / Unterrichtslehre / Unterrichtsformen

Br., A4, 232 S., ***CHF 42.–/€ 21.–***
ISBN 3-7296-0413-9

Begleit-CD zu beiden Bänden

Doppel-CD

ZYT 4291, ***CHF 48.–/€ 24.–***

Alle Stufen

Rüdiger Stiebitz
VideoPossen

Hier werden ungenutzte Möglichkeiten des Mediums Video aufgezeigt. Die Interaktion mit dem Monitor macht klar, dass es auch anders geht – ohne Technik, Drehbuch, Filmsprache, Schnitt. Das ganze Prozedere wird ins Vorfeld der Kamera verlegt, wo z. B. Kartontheater gespielt wird und reale Personen reden, als ob sie aus dem gleichen Stoff wären. Das vorgeschlagene Verfahren ist bei der Arbeit mit jungen Menschen sehr vorteilhaft. Überraschende Lösungen lassen die Ängste vor dem eigenen Tun schnell verfliegen.

Mittel- + Oberstufe

Br., A4, 128 S., ***CHF 39.–/€ 19.50***
ISBN 3-7296-0430-9

Märku Hafner
Mit Musig ungerwägs

«Märku Hafner zählt zu den Volksmusikern, die nicht nur Musik machen, sondern Volksmusik leben. In seinem Buch sind 59 Lieder und Tänze für greifbare, transportierbare Instrumente bearbeitet. Dazu 12 Tanzbeschreibungen und viele Geschichten.

Die vorliegenden Bearbeitungen wollen anregen und lassen Eigenkreativität, andere Stimmführungen, Harmonien, Tempi und Instrumentierungen durchaus zu.» *‹folk-michel›*

Br., A4, 176 S., ***CHF 39.–/€ 26.–***
ISBN 3-7296-0461-9

Märku Hafner
Wenns gyget

«Alewander, Walzer, Polka, Schottisch, Ländler, Stümpli, Marsch, Mazurka. Anderthalb Jahrhundert unverfälschte alpine Volksmusik. 39 Tänze aus dem Repertoire der ‹Bärner Volksmusikante› und der ‹Husmusig Jeremias›. Spielbereit notiert, versehen mit zweiter Stimme, Begleitakkorden, Anleitungen zum Musizieren, erläuternden Texten, höchsten Ansprüchen gerecht werdend. Ein Buch für das Ohr, das Auge, den Geist; für lustvolles Musizieren, flinke Füsse, innige Tanzpaare. Unmodern modern. Mit allen Eigenschaften eines Klassikers der Volksmusiksammlungen.» *Ueli Steiner*

Br., A4, 144 S., ***CHF 39.–/€ 26.–***
ISBN 3-7296-0709-X

Bettina Egger

Bilder verstehen

Wahrnehmung und Entwicklung der bildnerischen Sprache

«Zeichnen und Malen sind Ausdrucksform für den momentanen psychisch-physischen Zustand wie Erinnerung an die Vergangenheit. Bettina Egger zeigt diese Urformen an Bildbeispielen von zeitgenössischen Künstlern, anhand der figurativen Phasen von Kindern und in Ausdrucksbildern von Erwachsenen auf.» *ZZ*

Br., A4, 168 S.,
CHF. 35.–/€ 17.50
ISBN 3-7296-0183-0

Bettina Egger

Malen als Lernhilfe

Malen und bildnerisches Gestalten mit verschiedenen Materialien

«Bildnerisches Gestalten auf Vorschul-, Kindergarten- und Primarschulunterstufe, besonders auch für die Arbeit mit geistig und körperlich behinderten Kindern. Ein faszinierendes Buch, eine eigentliche Pädagogik des Malens.» *E.B.*

Br., A4, 136 S.,
CHF 35.–/€ 17.50
ISBN 3-7296-0150-4

Bettina Egger

Faszination Malen

Praktisches, Erzieherisches, Anregendes

Malen und die Malergebnisse als Prozess akzeptieren, nicht deutend oder unter entwicklungspsychologischen Gesichtspunkten einordnend. Anregungen, aber auch Hinweise auf die Schwierigkeiten, die bei der Einrichtung eines Malraumes auftreten können.

Br., A4, 168 S.,
CHF 35.–/€ 17.50
ISBN 3-7296-0106-7

Bettina Egger (Hg.)

Ereignis Kunsttherapie

Bettina Eggers Anliegen ist, Kunsttherapie als eigenständigen Beruf zu etablieren und dafür eine gründliche Ausbildung anzubieten. Die Notwendigkeit und die Vielfalt der Möglichkeiten dieser Arbeit zeigen sich in diesem Buch.

Die Beiträge stehen für all jene, die in diesen und weiteren Gebieten mit dem Begleiteten Malen Not lindern, Selbstwert aufbauen, Therapien unterstützen, Menschen mit ihren Ressourcen und Qualitäten in Verbindung bringen und damit neue Perspektiven schaffen.

Br., A4, 128 S., mit 100 Farbbildern.
CHF 42.–/€ 28.–
ISBN 3-7296-0660-3

Mit Herz und Hand

Notizen zum Menschenzeichnen

Zuerst werden Einstiegsmöglichkeiten zum Thema dargestellt: Bildbetrachtungen, Spielformen, sprachliche Einstiege, die sich auch in anderen Fächern bewähren, überall dort, wo sich Menschen mit dem Thema «Mensch in der Gruppe» befassen. Es folgen Arbeitsvorschläge: Schattenrisse, Arbeiten mit Ton, Linolschnitt, Maskenbau, Spielaktionen usw.

1.–9. Klasse

Br., A4, 152 S.,
CHF 35.–/€ 17.50
ISBN 3-7296-0213-6

Otto Heigold

Alle können drucken

Spuren erspüren

Heigold schlägt einen Dreischritt vor. Erst klopfen die Kinder alle Spuren ab, die der Alltag hinterlässt: auf der Strasse, in der Küche, auf dem Abfallplatz. Diese Spuren werden gesichtet, abgerieben, abgepaust, mit Kreide festgehalten. Danach, im zweiten Schritt, inspirieren sie einfache Druckarbeiten. Als Druckformen dienen Folien, Schwämme, Gummis, Wellkarton, Finger, Schablonen, Klebebänder, Rollen, Stempel, Plastilin, Wäscheklammern. Bis schliesslich die Lust erwacht, einen Schritt weiterzugehen, die Drucke vielfältig weiter zu verarbeiten: zu Collagen, Schrift-Bild-Ensembles oder zum Spurenbuch.

Alle Stufen

Br., A4, 144 S., ***CHF 39.–/€ 26.–***
ISBN 3-7296-0643-3

Thomas Lüchinger

Intuitiv Zeichnen

Sehen mit allen Sinnen

Zeichnen wird bei Thomas Lüchinger zu einer Reise, die unendlich viele Möglichkeiten eröffnet. Das Buch enthält erprobte Übungen, die zum Experimentieren mit verschiedensten Objekten, Materialien und Situationen anregen, zum spielerischen und sorgfältigen Umgang mit dem Sehen, mit sich selbst und den anderen. Ein Buch für alle, die Zeichnen lernen wollen als Ausdruck von Hingabe, Spiel und Improvisation. **Oberstufe**

Br., A4, 160 S.,
CHF 42.–/€ 21.–
ISBN 3-7296-0506-2

Thomas Lüchinger

Intuitiv Malen

Wege zur Kreativität

Intuitiv Malen ist kein Lehrgang zum Erlernen einer Technik. Vielmehr handelt es sich um eine Einladung an alle, die ihre Kreativität entdecken wollen. Damit sie sich von der inneren Stimme führen lassen und Vertrauen gewinnen in die schöpferischen Kräfte, die in uns allen schlummern, ohne Angst, ohne Konflikte. Dabei wird der Pinsel von der fragenden, inneren Bewegung geführt, von den achtsamen Augen. Alle sind in der Lage, intuitiv zu malen. Dazu braucht es kein Talent. Oft müssen aber Erwachsene diesen Zustand der Freude und des Vertrauens, den sie als Kinder hatten, wieder neu finden. **Oberstufe**

Br., A4, 152 S., mit vielen farbigen Bildbeispielen. ***CHF 42.–/€ 28.–***
ISBN 3-7296-0701-4

Begleit-CD ‹Tanz im Glück›

Märchenfiguren

1. Räuber
2. Räuber – Kurzversion
3. Gute Fee
4. Gute Fee – Kurzversion
5. Hexe
6. Hexe – Kurzversion
7. Prinz zu Pferd
8. Prinz zu Pferd – Kurzversion
9. Prinzessin
10. Böse Königin
11. Zauberer
12. Zwerge
13. Zwerge und Drache
14. Riesen und Zwerge

Märchenhafte Wunderdinge

15. Fliegender Teppich
16. Fliegender Teppich – Kurzversion
17. Dornenhecke – Rosenpracht (Kontrast ‹spitz – rund›)
18. Dornenhecke – Rosenpracht, Version für ‹Dornröschen›
19. Drei Wünsche

Im Schloss

20. Es wird geputzt
21. Höfischer Tanz
22. Lustiger Tanz

Märchenmusik

23. Einschlafmusik für Dornröschen
24. Hans im Glück